暗夜中的眼睛

一名日本间谍的摄影情报档案

1924—1938

杨红林
编著

GUANGXI NORMAL UNIVERSITY PRESS
广西师范大学出版社
·桂林·

暗夜中的眼睛
ANYE ZHONG DE YANJING

图书在版编目（CIP）数据

暗夜中的眼睛 ：一名日本间谍的摄影情报档案 ：1924—1938 / 杨红林编著．—桂林：广西师范大学出版社，2019.5（2019.9 重印）

ISBN 978-7-5598-1673-3

Ⅰ．①暗… Ⅱ．①杨… Ⅲ．①间谍－情报活动－史料－日本－1924-1938 Ⅳ．①D731.336

中国版本图书馆 CIP 数据核字（2019）第 046069 号

广西师范大学出版社出版发行
（广西桂林市五里店路 9 号　邮政编码：541004
网址：http://www.bbtpress.com）
出版人：张艺兵
全国新华书店经销
湛江南华印务有限公司印刷
（广东省湛江市霞山区绿塘路 61 号　邮政编码：524002）
开本：720 mm × 1 010 mm　1/16
印张：22.5　　　字数：297 千字
2019 年 5 月第 1 版　　　2019 年 9 月第 2 次印刷
印数：6 001~9 000 册　　　定价：68.00 元

影像的占领（代序）

1928年1月，上海民智书局出版了名为《日本论》的一本薄薄的小册子，书的作者是国民党元老戴季陶。在该书的第一章，早年曾留学日本的戴季陶以自己的亲身经历向同胞明确指出了“中国人研究日本问题的必要”。他开宗明义地感慨道：

中国到日本去留学的人，也就不少了。的确的数目，虽然不晓得，大概至少总应该有十万人。这十万留学生，他们对于“日本”这个题目，有什么样的研究？除了三十年前黄公度（黄遵宪，清末著名诗人、外交家——笔者注）先生著了一部《日本国志》刊行而外，我没有看见有什么专论日本的书籍。我自己对于日本，也没有做过什么系统的研究，没有较为成器的著作。……你们试跑到日本书店里去看，日本所做关于中国的书籍有多少？哲学、文学、艺术、政治、经济、社会、地理、历史各种方面，分门别类的，有几千种。每一个月杂志上所登载讲“中国问题”的文章，有几百篇。参谋部、陆军省、海军军令部、海军省、农商务省、外务省、各团体、各公司，派来中国长住调查或是旅行视察的人员，每年有几千个。单是近年出版的丛书，每册在五百页以上，每部在十册以上的，总有好几种，一千页以上的大著，也有百余卷。“中国”这个题目，日本人也不晓得放在解剖台上，解剖了几千百次，装在试验管里化验了几千百次。我们中国人却只是一味地排斥反对，再不肯做研究功夫，几乎连日本字都不愿意看，日本话都不愿意听，日本人都不愿意见，这真叫作“思想上闭关自守”“智识上的义和团”了。

令人唏嘘的是，距离戴季陶著述《日本论》整整 90 年后，中国与日本两个国家间互相打量时的态度，居然惊人地没有丝毫变化：日本不遗余力地刺探有关中国的情报，而中国的态度却截然相反。两千五百年前，我们的先祖就提出了“知己知彼，百战不殆”的著名格言，可惜的是后人却漠然置之，反倒被虎视眈眈的外人奉为圭臬。或许，这也正是近代以来我们在同对方的较量中屡屡失败的原因之一吧。从这个意义上讲，本书所讲述的主角以及他们所拍摄的数以千计的照片或许会再度刺痛我们的神经。

众所周知，所谓间谍，既可专指被情报机构秘密派遣到敌对方从事以窃密为主的各种非法谍报活动的特工人员，又可泛指在敌对方采取各种手段搜集情报或进行侦查活动的人员。提起日本近代侵华史上扮演过重要角色的间谍，人们通常首先会联想到宗方小太郎、荒尾精、板垣征四郎、土肥原贤二、川岛芳子、南云造子等名字。然而鲜为人知的是，在长达 100 多年的侵华过程中，除了这些官方或半官方的专业间谍外，日本还拥有一支庞大的“业余”间谍队伍。这些人员打着民间机构的旗号，以商人、学者、旅行者乃至妓女等身份为掩护，充当为本国政府搜集情报的志愿者，从而在很大程度上为日本军国主义的侵略提供了支持。而本书的主角，正是这支庞大的“业余”间谍队伍中的一员。

2009 年，当笔者面对着 40 余本名为《亚细亚大观》《亚东印画辑》《满蒙印画辑》的老相册时，立即被里面 3000 多张老照片所呈现的那个时代和那个世界给震惊了。而透过那一张张发黄的照片，我们仿佛又看到那些风尘仆仆的身影，他们如幽灵般常年潜行在中国的城市和乡村，他们如观光客般将照相机对准山川、河流，对准铁路、港口，对准森林、矿山……一切都似乎在不经意间完成。或许，当年这些“观光客”的身边也曾有好奇的围观者，只是神情麻木的国人哪里会知道，自己正如标本一样进入别人的实验室！

毋庸置疑，尽管这些照片的摄影者只能算是为政府效忠的“业余”间谍，但仅就职业素养而言，他们绝对是合格的。关于这一点，《亚细亚大观》的发行者在1926年8月曾公开标榜道：

我亚细亚大观社不揣冒昧，为迎合时代之要求，做出一己之贡献起见，创立本社，已有三年。为方便世上有识之士获得相关的知识，我社对中国内地的风俗状况进行了诸般介绍。一直以来，我社唯其所志，担当本分，奋斗不已，勇往直前。这期间，读者诸君对我社给予了诸多的谅解，并对我社寄予了极高的期待。与此同时，也对我社的工作给予了相当的支持和好评。社运蒸蒸日上，日日兴隆。社员们对诸位的支持和肯定感动不已。如今，又有一大喜事让我社铭记在心，感激不已，并引以为豪，时时激励着我们继续奋发向上。我谨在此向与我怀有同感的读者诸君，敬告此事。这一光荣和喜悦，应该永远得到铭记。

我社在本年六月谨将编纂的照片集呈上九重云深的禁中。蒙陛下与摄政宫殿下的睿览，实在是荣幸之至。不仅如此，还蒙宫内省下旨，嗣后每集都需编纂两部，呈献宫中。对于我社来说，这是何等的光荣之事啊。此无上之名誉，未曾想望之殊荣，诚令我社不胜惶恐。这等恩宠，我社必将永远铭刻在心，以期报效。

如读者诸君所明鉴，我社的照片，一向秉承我社的宗旨，本着诚意和责任进行拍摄，制作和发表。为此，我社的社员们忍耐诸般艰难困苦，不惜远涉艰险远僻之地，度乌烟瘴气之境，冒兵火劫乱之险。实地探访踏足各个地区，不欺人，不自欺。只求为读者诸君奉上精益求精的作品，此外再无旁骛。既往已蒙读者诸君的支持和鼓励，便已不再奢求其他。而今又蒙此一无上恩典，我社便只能兢兢业业，奋发向上。誓不负陛下及读者诸君众望。当本刊发行此期纪念号之际，特此记录所想所感，聊以自勉。

回顾历史，我们必须承认，在收集对手情报方面，日本无疑是世界上最成功的民族。正如英国学者理查德·迪肯在其名作《间谍秘史：日本间谍惊人成功的奥秘》中指出的，日本民族对于情报的概念，比别的民族和国家都要更广泛，更有想象力，他们为了本民族的利益获取情报的欲望比世界上所有其他国家都更为强烈，并认为为国家收集情报是一种至高无上的荣耀，是一种对国家的责任和无限忠诚的表现。

我们不难发现，自近代以来，日本的在华谍报活动一直非常活跃。自从确立对外侵略的基本国策之后，日本为了掌握中国的地形、气候、物产、军备及风俗习惯等方面的资料，在不断派遣各类专业间谍的同时，还积极发动国民自觉扮演“业余”间谍的角色为国家服务。从 1872 年正式向中国派出间谍池上四郎潜赴东北搜集情报起，直到 1945 年战败投降，成千上万的各类日本间谍在中国的土地上如幽灵般活跃，将无数的情报汇聚到一起，成为日本军事侵略得逞的一大法宝。从甲午战争到日俄战争，从“九一八事变”到全面侵华战争，几乎每一个历史节点都能看到日本间谍活跃的身影。从外交官到职业军人，从关东军到“满铁”（南“满洲”铁道株式会社）调查部，从汉口乐善堂到东亚同文书院，几乎每一个间谍组织都曾对日本的对外侵略产生过影响。而更可怕的是，在长达 100 多年的时间里，还有无数的日本人以平民身份积极为政府在中国刺探情报。这支庞大的“业余”间谍队伍，尽管成分复杂，有作家、学者、记者、教师、摄影师、商人、旅行者、留学生、流浪武士、僧侣乃至妓女，但其刺探情报的自觉性和热情却丝毫没有区别。例如著名的汉口乐善堂创立者荒尾精，1886 年来华时就是平民身份。在随后几十年间，这位表面上经营眼药水、书籍、杂货的商店老板，竟不动声色地编织了一张几乎覆盖中国全境的间谍网。而他在上海创立的日清贸易研究所，打着商业调查的旗号分赴中国各地广泛搜集情报，其历时3年编纂而成的《清国通商综览》一书，共二千三百余页，内容包括政治、经济、金融、商贸、教育、产业、交通运输、地理、气候、风俗习惯等，每一项的记述都具体而翔实，从而为日本发动甲午战争侵略中国提供了宝贵的第一手情报。正因如此，当1927年9月荒尾精身染鼠疫而死后，日本国内顿时发出一片哀叹之声，黑龙会的首脑头山满甚至将其誉为“每五百年才降世的一大伟人”。

与荒尾精的日清贸易研究所相比，另一家打着学术研究机构旗号的日本民间间谍组织——东亚同文书院在中国搜集情报的行动更加疯狂。从1901到1945年长达四十余年间，东亚同文书院先后组织五千余名学员参与对中国的“大旅行”，线路多达700条，所涉足的地区几乎囊括了除西藏以外中国所有省区。为了搜集情报，他们不避艰险，有时甚至冒着生命危险，几乎是靠徒步完成实地考察。正如东亚同文会干事长小川平吉后来曾标榜的：“举凡山川、城邑、人情、风俗，乃至物资丰凶，交通便隘等，纤细而无大漏之地，则北逾黄河，西度阴山，南攀秦蜀峨眉之峰，踏访滇粤苗瑶之野，栉风沐雨，勇往直前，足迹遍及各省。其报告书稿积达二十万页之多。” 而东亚同文书院后来编纂出版的《支那省别全志》和《新修支那省别全志》，规模庞大，资料丰富，堪称由外国人完成的史无前例的中国志书。

作为本书的主角，《亚细亚大观》等期刊上海量照片的拍摄者岛崎役治等人，无疑也属于形形色色的日本“业余”间谍之列。如果仅仅作为摄影师而言，他们拍摄的照片实在谈不上有多少艺术性，有些甚至明显是仓促之下的抢拍。而就照片的内容而言，除了一些名胜古迹还算符合旅游者的身份之外，那些森林、矿山、铁路、港口、街道、城墙……实在无法掩盖他们的真实任务。而每张照片的文字说明，更是充分暴露出他们的侵略野心。

可以想见，当后来日本军国主义发动对华侵略战争时，这些图文并茂的情报大全发挥了多么大的作用！从甲午战争到“九一八事变”，再到全面抗战，当侵略者一路长驱直入，而中国军队却难以抵挡时，除了军力、国力等方面的原因，情报的落后显然也是一大决定性因素。

遗憾的是，当年尽管也有部分国人对于日本的意图有所警惕，但总的看来，对于以民间身份来华搜集情报的日本人，中国的政府官员基本上是不予干涉甚至热情提供便利的。据笔者对民国政府公报的粗略统计，仅在 1925、1926 两年，外交部及各省政府就先后二十余次向下级机构发出要求保护日本人在所属区域游历考察的训令！只是到“九一八事变”之后，在战争阴云的紧逼下，这种情形才有所改变。通过《亚细亚大观》刊登的照片内容也可以明显看出，关于中国内地省份的照片，基本上都是在 1931 年前拍摄的，而在此之后，岛崎役治等人的活动范围几乎就限于伪满洲国范围内了。

时空穿梭，我们也必须看到，当战争的硝烟渐渐散尽，和平的天空有时却依然会笼罩着阴云，因此依然需要时刻警惕。一项美国人的调查就发现：“日本官方每年根据各种需要派出专门从事情报收集的间谍约有近万人次，各大企业、公司和 9 大商社派驻海外的 1000 个办事处的一项重要使命就是收集经济与技术情报。”

行文至此，使人不禁联想起一则流传已久的故事：20 世纪 60 年代，当中国发现大庆油田的消息传出后，一些西方国家纷纷准备投标为中国提供采油设备，但却因信息闭塞而无从下手。1966 年 7 月，日本三菱重工财团的情报分析人员无意中看到日文版《中国画报》封面上的一张照片：“铁人”王进喜头戴大狗皮帽，身穿厚棉袄，顶着鹅毛大雪，手握钻机刹把，眺望远方，在他背景远处错落地矗立着星星点点的高大井架。而 3 个月后，《人民中国》又刊登了对王进喜事迹的介绍。通过对照片及事迹介绍进行全面分析，日本人最终判断出了大庆油田的具体位置、生产规模，从而迅速设计出适合中方需求的采油设备，并最终一举中标。

我们姑且不论这则“段子”的真实性如何，但它或许能给国人特别的启示。实际上，时至今日，仍不时传出日本间谍在华活动的消息。就在2015年国庆节前夕，中国外交部证实：有日本间谍因在辽宁和浙江从事窃取情报活动而被逮捕，有关情况中方已向日方进行了通报。尽管当时日本方面公开否认政府派遣间谍，但联系到过往的历史，我们丝毫没有理由轻松面对此类事件。而对于中国人而言，其实应该做的还有很多很多。从某种意义上讲，90年前戴季陶在《日本论》中所呼吁的或许依然具有时代意义：

我劝中国人，从今以后，要切切实实地下一个研究日本的功夫。他们的性格怎么样？他们的思想怎么样？他们风俗习惯怎么样？他们国家和社会的基础在哪里？他们生活根据在哪里？都要切实做好研究的功夫。要晓得他的过去如何，方才晓得他的现在是从哪里来的。晓得他现在的真相，方才能够推测他将来的趋向是怎样的。拿句旧话来说，“知彼知己，百战百胜”，无论是怎样反对他攻击他，总而言之，非晓得他不可。何况在学术上、思想上、种族上，日本这一个民族，在远东地方，除了中国而外，要算是一个顶大的民族。他的历史，关系着中国、印度、波斯、马来，以及朝鲜等。近代三百多年来，在世界文化史上的地位，更是重要。我们单就学问本身上说，也有从各种方面做专门研究的价值和必要，决不可淡然置之的。

杨红林

2017年9月于北京

目录

绪论：近代日本间谍在华摄影活动

英国著名学者理查德·迪肯在《间谍秘史：日本间谍惊人成功的奥秘》一书中曾写道："在日本，与其他国家的观念相反，他们一向把间谍活动视为一种光明正大和爱国的行为。在日本的许多参考书中，对他们的许多大人物曾参与过间谍活动这一事实，并不隐瞒。"① 自近代以来，为了更好地为其对外侵略服务，日本曾向周边国家尤其是中国派出大量间谍，通过各种手段窃取情报。而在这一过程中，摄影便是他们所使用的重要手段之一。实际上早在甲午战争之前，日本间谍就以外交官、商人、学者、医生、旅行家、侨民、妓女等身份为掩护，深入清朝宫廷官府、穷乡僻壤，探悉了处在风雨飘摇中的大清帝国的内幕。甲午战争爆发后，日本官方又专门派出114名随军记者及4名摄影师前往战场实地拍摄。② 而著名的职业摄影师小川一真、龟井兹明等人，当时还曾以个人身份与日军"陆地测量部"的官方摄影师一起工作。到日俄战争前后，为深入

---

① 〔英〕理查德·迪肯：《间谍秘史：日本间谍惊人成功的奥秘》，王殿忠译，军事科学出版社，1989年10月，第1页。

② 宗泽亚：《清日战争（1894—1895）》，世界图书出版公司，2012年，第98页。

了解中国东北的情形，日本又设立了专门的拍摄机构，而这些机构都直接从政府或有政府、军界背景的商业机构那里获得财力支持。[①]进入 20 世纪 20 年代以后，随着日本侵华步伐的加速，大批日本间谍打着旅行考察的幌子潜入中国各地进行调查，收集地理、军事、经济、人文等方面的资料，而一些摄影师所拍摄的照片则为其主子提供了更形象真实的情报，这类行动一直持续到了二战结束。

一、背景神秘的日本摄影师

2009 年，中国国家博物馆入藏了 3000 余幅日本间谍在中国各省拍摄的原版照片，时间跨度为 1924 至 1942 年。这些照片绝大多数尺寸为 10 厘米 ×15 厘米，贴在 21 厘米 ×30 厘米的黑色相册纸上，每张照片的旁边都贴着一张印有日文说明的标签，注明拍摄地点及情况简介。这些照片当年是作为出版物而向社会公开发行的，相册的名称有《亚细亚大观》《满蒙大观》《满蒙印画辑》《亚东印画辑》等，其中保存最完整、文献信息最齐全的是《亚细亚大观》。《亚细亚大观》通常根据主题按月发行，每回（期）含 10 张照片及相关的背景文章。

据笔者考证，这批照片的主要摄影者包括岛崎役治、樱井一郎等人。1937 年在大连的日本在华机构编纂的档案资料《满洲绅士录》[②]表明，岛崎役治的公开身份是亚细亚写真大观社社长。此人出

---

① 许光明:《日本人在我东北的早期摄影活动对档案摄影的启示》,《中国档案报》, 2010 年 2 月 18 日，第 4 版。

② 《满洲绅士录》，中西利八编，“满蒙”资料协会发行。1937 年第 1 版，1938 年第 2 版，1940 年第 3 版，1943 年第 4 版。介绍人物现任职务、籍贯、学历、家庭及住所，多附照片。共收入一万七千余人，对象为关东局官吏，在中国东北地区任高等官以上的日本官吏，在伪满洲国任荐官以上的日本、中国官吏，在资本金 500 万元以上的股份公司任课长、主任以上级别者，资本金为 50 万元以上、500 万元以下的股份公司的董事、经理及主要课长、支店长，民间代表人物，东北地区以外的中国及“蒙疆”主要人士。

生于1893年10月，本籍高知县香美郡大楠植村，毕业于东方摄影学校，个人兴趣有摄影、读书、地理、历史、旅行，住所为大连市山县通193号。他1918年来到中国东北谋生，先在丰年制油会社工作了3年，1921年辞职后曾在黄渤海裕民渔业会社担任监察，1924年5月成立亚细亚写真大观社并创办摄影月刊《亚细亚大观》，同时出售“满蒙”(日本所谓的“满蒙”指中国东北及内蒙古东部地区)等地的风景、风俗、产业、交通、矿业及其他学术资料照片。该刊物除在东京设有支社外，在北海道、札幌、京都、大阪、北京、新京（长春）、奉天（沈阳）、哈尔滨、上海、牡丹江、齐齐哈尔等地都设有代理店，影响很大。[①] 另据日本学者研究，岛崎役治当初是与合伙人共同经营《亚细亚大观》的，1932年11月后改为个人独自经营，属于当时东北日本侨民中有一定影响力的人物。[②] 由于刊物本身具有较强的阅读性和利用价值，因此《亚细亚大观》的发行一直持续到1942年。与此同时，岛崎役治所拍摄的照片还经常被《满蒙大观》《满蒙印画辑》《亚东印画辑》等同类刊物采用。尤其是《亚东印画辑》，其性质和内容几乎与《亚细亚大观》完全相同，只是不像后者那样每期除照片外还刊登相关背景文章。

资料显示，《亚东印画辑》创刊于1924年9月，几乎与《亚细亚大观》同时，发行方为亚东印画协会，地址在大连市淡路町三番地，初期的人员构成如下：

维持团理事：田村羊三等6人

支配人：濑称田和

监修：渊上白阳

编辑主任：天津光市

---

① “满蒙”资料协会编《满洲绅士录》(昭和十二年版)，“满蒙”资料协会东京支社，1937年，第857页。

② 〔日〕柳沢游：《1940年代初大连日本人个人经营者经历》，《经济学研究》(日本九州大学)，第70卷，第4、5合并号，2004年4月30日。

摄影主任：佐藤傅藏

庶务主任：东野辰雄

外交主任：稻叶弥吉

摄影师：铃木秀一、樱井一郎、佐内繁雄、笠原之直等人

1929 年樱井一郎去世后，亚东印画协会还特地刊发了纪念文章，对他的“职业”精神表示敬意：

本协会所开展的事业，由会长樱井一郎坚毅的性格所铸就。这股热情正注视着中国大地，如太阳一般熊熊燃烧。他所拍摄的数千张照片如今正焕发着生命般的光芒，为我们带来了不可忽视的魅力。然而樱井先生的讣告，最终为协会的未来投下了悲伤的阴影。但是，樱井先生身后仍然遗有庞大的事业供我们继续努力和开拓。国内外数以千计的会员诸君都热切盼望着我们的续刊，并为我们呐喊声援。因此，根据我们亚东印画常务委员会的共同决议，我们现决定聘用日本光画艺术界的权威人士渊上白阳先生为我们的印画监修。在印画协会常务委员会各位成员的指导和渊上先生的技术支持下，我们协会定能再创新高。我辈同仁，定将在樱井先生的遗业之基础上，做出更大的飞跃和进步。与此同时，也希望诸君能给予我们珍贵的支持。

巧合的是，与《亚细亚大观》一样，《亚东印画辑》也一直发行到了 1942 年。除了发行以照片为主要内容的《亚东印画辑》外，亚东印画协会还发行一份名为《亚东》的小刊物，每月 15 日发行，32 开本，主要以当月出版的照片为主题，刊登一些研究性文章以及照片的背景资料，介绍东亚各地的民俗风情。

在亚细亚写真大观社创立初期，其对外广告声称，除发行《亚细亚大观》月刊外，还发行《日露实战印画》月刊、《支那看板写真集》以及各类不定期特辑（含民俗、考古学、建筑、美术等类）。[①]

① 《亚细亚大观》，1924 年第 1 回。

耐人寻味的是，虽然从表面上看，《亚细亚大观》只不过是一份刊登照片为主的消遣类刊物，但却与日本官方有着千丝万缕的联系。特别是在1932年之前，这份刊物每期的封面上居然印有“赐天览”的字样，并以大号字体标明“天皇陛下睿览、摄政宫殿下睿览”或“天皇陛下皇后陛下睿览、闲院宫御用”等。或许是为了突出刊物的权威性，在发行页上还罗列了众多名誉赞助员及评议员的名字，其中包括：国学院大学教授鸟居龙藏、陆军大将大庭二郎、总理大臣田中义一、侯爵中御门经恭、“满铁”社长山本条太郎、侯爵松平康庄、前朝鲜总督斋藤实、前文部大臣水野錬太郎、陆军大臣白川义则、帝国大学名誉教授白鸟库吉等。这些人要么是日本当时的军政首脑，要么是学术权威，其中的田中义一、山本条太郎、白川义则等人更是鼓吹侵华的急先锋。

透过其摄影活动和拍摄内容可以很清楚地看出，作为一名职业摄影师和刊物经营者，岛崎役治其实还扮演着日本间谍的角色，长期打着旅行考察的幌子在中国各地搜集情报，直接为日本政府的渗透与侵略服务。根据笔者的梳理，仅在1925—1931年间，岛崎役治就几乎跑遍了大半个中国，其行迹大致如下：

1925年：黑龙江、呼伦贝尔、山西等地；

1926年：上海、江苏、浙江、安徽、湖北、湖南、四川等地；

1927年：北京、河北、河南等地；

1928年：吉林、上海、湖北、四川等地；

1929年：山西、察哈尔、绥远、山东、江苏、广东、辽宁、吉林等地；

1930年：山东、湖南、江西等地；

1931年：云南、福建等地。

据民国外交档案显示，早在1925年7月8日，外交部奉天交涉署就曾向有关各县知事下达训令，内称：“案准驻奉日总领事馆函送日人岛崎役治赴东三省一带地方游历护照，请查照加印送还等因，除将原照加印送还暨分行外，合行刊登公报，通令各该县仰即遵照，俟该游历人到境验明护照妥为保护，并将入出境日期报查，此令。”

（《奉天公报》第 514 号）而 1928 年 5 月 24 日，当岛崎役治随同日本著名人类学家鸟居龙藏再度前往东北各地考察时，中国官方机构同样特地予以保护。外交部奉天交涉署训令各县知事称："案准驻奉日总领事馆函送日人鸟居龙藏等四人赴左表所开一带地方游历护照，请查照加印送还等因，除将原照加印送还暨分行外合行刊登公报，通令各该县仰即遵照，俟该游历人到境验明护照妥为保护，并将入出境日期报查，此令。"（《奉天公报》第 514 号）

在 1926 年 8 月发表的一段卷首语中，亚细亚写真大观社就公开表示："我社的本旨是负责诚意制作，险难僻远之地，瘴烟瘴雾之境又兵火劫乱匪贼出没的地方，都是亲自踏入，冒着诸多艰难困苦编辑的，精益求精以实现我们的志向。我们只有更加发奋，才能报答诸君的鼓励和圣上的无上荣誉。"[①] 而在《亚细亚大观》上，该社编辑部也经常标榜他们的功绩和辛劳。例如在 1929 年考察完山东泰山之后，他们就宣称："我社同人摄影担当者岛崎役治经历各种痛苦后才得以逃脱土匪巢窝，实在是国家好汉、上神加护。"[②]

综合各种信息我们又发现，岛崎役治本人及其刊物的主要靠山便是近代日本侵华的大本营——南"满洲"铁道株式会社（即"满铁"）。《亚细亚大观》不但在"满铁"沿线图书馆都设有发行所，该社组织的许多摄影考察活动也时常得到"满铁"的支持。例如 1925 年 10 月的"云冈摄影行"，岛崎役治就特邀"满铁"人事课的加藤新吉同行以获得沿途关照；[③] 在 1928 年"北满之冬"专号的拍摄过程中，他声称得到了"满铁"情报课的摄影指导。[④] 而在发表

---

① 《亚细亚大观》，1926 年第 24 回。

② 《亚细亚大观》，1929 年第 60 回。

③ 《亚细亚大观》，1926 年第 18 回。据有关资料显示，加藤新吉的身份为摄影师。早在 1923 年 10 月他就曾前往奉天一带地方游历，1939—1943 年间曾主编摄影杂志《北支》，该杂志由日本在华情报机关华北交通株式会社主办。1944 年 8 月，他从华北综合调查研究所辞职。

④ 《亚细亚大观》，1928 年第 46 回。

这些照片的同时，亚细亚写真大观社“驻日本东京的总支社还在日本本土各地举行过多次关于中国的照片展览。该社还向日本各地学校、团体免费寄赠发表这些照片的‘大观’刊物”。[①] 在1926年的一篇“宣言”中，岛崎役治曾以亚细亚写真大观社的名义这样大声疾呼：“当然，对于南中国、云南等地的情况，我们也必须了解。但是与此相比，我们正住在满洲，尽力了解自己脚下的满蒙的事务难道不是更为紧急的事情吗？比如对于满铁沿线，每个人都具有一定的知识，但若自沿线一步步深入，应该会有不为世人所知的珍稀事务和宝藏发现等着我们。我们现在要好好考虑这件事情。我社今后满蒙以外的广大地方都要向大家介绍，同时，也要考虑对满蒙介绍的精进。要完成这个艰难的任务，还请大家多多帮助赐教。”[②]

众所周知，“满铁”虽然名义上是一家铁路公司，但实际上却在近代日本侵略中国的过程中扮演着重要角色，特别是其开展的“情报工作极为广泛，举凡政治、经济、军事、商业、工业、历史、地理、风俗习惯、司法等等无不在搜索之中”，[③] 更对日本发动侵华战争起到了推波助澜的作用。“满铁”存在40年间，对我国东北乃至全国各地区的政治、经济、军事、文化等各个方面进行了无孔不入的调查研究，搜集了大量情报资料，所提出的报告达6200份，积累的各种资料有5万多件，这些“卷帙浩繁的调查资料包罗万象，涉及面十分广泛，为日本帝国主义制订侵华政策提供历史与现实的各种资料，同时歪曲历史事实，割裂东北与中国的统一关系，为发动侵略战争制造根据”。[④] 很显然，岛崎役治等人所拍摄的大量照片正

---

① 乌丙安、李家巍主编《窥伺中国：20世纪初日本间谍的镜头》，辽海出版社，2000年1月，“题记”。

② 《亚细亚大观》，1926年第30回。

③ 关捷主编《日本对华侵略与殖民统治》（上），社会科学文献出版社，2006年，第106页。

④ 刘永祥：《满铁情报调查机构述论》，《辽宁大学学报》，1991年第3期。

是这类资料的有益补充。

二、对中国各地的全方位扫描

国家博物馆入藏的这批日本摄影师的作品，其内容涉及东北、北京、天津、河北、山西、河南、内蒙古、山东、江苏、上海、浙江、福建、广东、湖北、湖南、安徽、江西、四川、重庆、云南、西藏、香港等地，涵盖城市面貌、山川河流、地理交通、资源物产、民俗民情、名胜古迹等题材。通过对这些照片进行分析，不难看出当年在华日本间谍从事摄影活动时所暴露出的侵略野心。

在岛崎役治等人的镜头下，中国各地的城市乡村、港口码头、铁路航道、名胜古迹等是最重要的内容。显而易见的是："上述照片的大多数并没有什么观赏价值，相对来说，作为侵略时占领一城一池的需要，却很有实用价值。阅览这些占有极大比重的中国城镇照片后，人们会发现这只是一种情报搜索式的摄影，对于有强烈征服欲和殖民欲的军国主义分子则可以起到明显的诱导作用。"① 在给每幅照片所配的文字说明中，岛崎役治等人的真实用心更是不言而喻。例如在 1926 年考察南京时，他就详细介绍了这座城市的人口、交通、商业贸易等概况："现江苏省首府，扬子江沿岸通商港，人口约四十万，在留外人五百余，内邦人（日本人）百三十余……贸易额二亿"；② 在介绍宁波码头时特意指出这里"自古以来就是南中国贸易大港"；③ 介绍南昌时写道："南昌是江西省省府，赣江右岸，以日本借款修建的铁道南浔线终点九江距此 70 里。近来中国地方革命势力造成恐慌，城墙被拆除，目前正建设近代化都市"；④ 介绍长沙

① 鸟丙女、李家巍主编《窥伺中国：20 世纪初日本间谍的镜头》，辽海出版社，2000 年 1 月，"题记"。

② 《亚细亚大观》，1926 年第 30 回。

③ 《亚东印画辑》，1929 年第 72 回。

④ 《亚东印画辑》，1929 年第 75 回。

时说："长沙在湘江沿岸，是湖南省省会，粤汉铁路上仅次于汉口的大城市。人口50万，国民革命后拆除城墙，开始近代改造。河中三角洲对岸商埠地供各国人居住，水上常有日、英、美等国军舰巡游"；[①] 介绍烟台时称："此地是青岛出现之前山东唯一贸易港，每年夏季美国东洋舰队航行至此避暑"；[②] 介绍上海时更是详细说明："八十余年前黄浦江岸边一渔村部落，今30亿贸易年额，支那第一商埠，人口240万，二十数国异国民族"。[③] 在拍摄过程中，岛崎役治等人还特意搜集具有军事价值的各种情报。例如在介绍山海关的城墙时注明："高三十尺，厚二十尺，周长三里，坚城铁壁"；[④] 在介绍济南的津浦铁路黄河铁桥时也着意指明该桥长度为4800尺。[⑤]

在拍摄过程中，岛崎役治等人身为异国摄影师，却对于中国当时的政局和社会动向格外关心。例如在震惊中外的"济南惨案"结束后，他就第一时间来到事件发生地进行窥探。后来的事实表明，"济南惨案是日本帝国主义对中国发动的一次有计划、有预谋的军事侵略……是日本大规模侵华战争的前奏和开始"。[⑥]1928年4月下旬，日本帝国主义悍然出兵山东，自5月3日起对济南军民进行疯狂屠杀，打死打伤中国军民7000余人，制造了震惊中外的"济南惨案"。直到1929年3月28日，在逼迫南京国民政府签订了屈辱性的《济南惨案协定》后，日军才撤出济南。此次事件表明，当时日本军国主义侵略中国的野心已昭然若揭。[⑦] 就在这样一种特殊

---

① 《亚东印画辑》，1929年第74回。

② 《亚东印画辑》，1930年第82回。

③ 《亚细亚大观》，1930年第84回。

④ 《亚细亚大观》，1928年第40回。

⑤ 《亚细亚大观》，1929年第66回。

⑥ 刘培平：《济南惨案与日本帝国主义的侵华战争》，《山东大学学报（哲社版）》1999年第4期。

⑦ 冷本生：《济南惨案是日本大陆政策恶性发展的产物》，《济南大学学报》，1996年第4期。

的背景下，岛崎役治于1929年2月来到济南实地“考察”，为《亚细亚大观》拍摄了一组照片，详细介绍当时山东的政局、人文历史、交通、贸易、物产等情况，并专门撰写了题为《济南展望》的前言。[①]值得一提的是，对于当时中国共产党在江西、湖南一带展开的革命斗争，岛崎役治也不惜冒着生命危险亲赴现场进行窥探，甚至近距离拍摄了一些苏区红军哨兵的照片，照片标题中的文字内容，直截了当地表明了他的反共立场。在江西景德镇进行拍摄时，岛崎役治还污蔑说，景德镇原本是举世闻名的瓷都，但现在却由于“变乱”而日益衰败。[②]1931年“九一八事变”之后，日军在东北的侵略遭到了各地义勇军的顽强抵抗。而对于这些抵抗力量，日方统统视其为“匪”。为了侦察这些抵抗力量的虚实和分布情况，岛崎役治甚至不惜冒着巨大风险，深入辽西一带进行拍摄，全面掌握了当地义勇军的发展渊源、人员组成、武器特点、战斗方式等信息。至于他使用了什么手段，竟然能顺利地完成拍摄任务，我们不得而知。但可以肯定的是，他的这些第一手情报对于日本在东北的军事行动势必起到非常大的作用。[③]

岛崎役治等人这种明目张胆的间谍活动，恰恰反映了近代以来日本侵华行径的一大特色，即不遗余力地搜集各种军事地理情报。实际上，自从“明治维新后，日军为获得中国军事地理情报，不断派员来华进行谍报活动。民国时期，日军成立专业测绘队，有计划、有步骤地秘密测绘长城以南地区。依靠这种精细盗测，日军绘制成中国十万分之一军用地图，为全面侵华铺平了道路”。[④]从军事意义上讲，对城市、河流、桥梁、港口等目标进行拍摄，再结合其

① 《亚细亚大观》，1929年第59回

② 《亚细亚大观》，1931年第79回。

③ 《亚东印画辑》，1932年第91、92回。

④ 许金生：《盗测中国：近代日本在华秘密测量史概述》，《抗日战争研究》，2012年第1期。

他数据信息，所产生的作用将是不可估量的。通过岛崎役治的拍摄路线不难看出，他的首要任务就是为政府搜集此类情报，例如1926年对长江沿岸的考察就是如此。回顾这次“江南之旅”时，他本人在一篇致辞中曾不无得意地说道：“我们一行从大连出发还是寒风料峭的三月初。从那时以来，大约半年都在长江上漂流，或者在四川的深山中。有时被野蛮的土著迫害，或者与酷热作战，但大家都努力收集珍贵的材料，直至八月二十一日乘神丸号平安归来。回顾这次旅行，真是件辛苦的事情。要用什么样的方法把这些纪行发表出来也是值得思考的。”[①] 正是由于岛崎役治之流长期的情报活动，“至20世纪20年代末，日军已经详细掌握了长江及其支流的水文信息。日军长期精细的谍报活动，为入侵长江流域铺平了道路。‘七七事变’爆发后，日本海军正是沿长江快速向内地进攻的。”[②] 当然，对于岛崎役治之流的间谍活动，无论其伪装得如何隐蔽，中国人民也并非完全没有警惕意识。根据岛崎役治本人的供述，他在多次拍摄活动中都曾遇到过当地民众的攻击。例如1926年6月，他在汉阳拍摄时就曾遭到数名“暴徒”袭击，以至于鲜血直流，差点送命。尽管如此，他在脱险后仍溯江而上潜赴重庆活动。[③] 在“九一八事变”前后，像岛崎役治这样的日本间谍并不在少数，不过有些人则没有他这样幸运。例如在1931年6月，日本陆军大尉中村震太郎秘密潜入中国兴安岭地区搜集军事情报，结果就被中国军队逮捕后处死。

三、资源考察背后的侵华野心

资源贫乏很大程度上刺激了日本近代以来屡次发动对华侵略战争的野心。而在这一过程中，日本甚至将对中国丰富资源的调查和

---

① 《亚细亚大观》，1926年第30回。

② 许金生：《近代日本对长江航道军事谍报活动概述》，《民国档案》，2013年第1期。

③ 《亚细亚大观》，1926年第26回。

觊觎上升到了基本国策的高度，而执行这一政策最不遗余力的当属“满铁”。

早在日俄战争结束后不久，“满铁”就于 1907 年 4 月成立调查部，“并立即开展对中国东北地区农村的现状进行经济调查。第二年，又从日本国内调来了一批农林专家，开始有重点地对当地的农业资源、生产状况、农村人口等进行大规模的实地调查……‘满铁’的这些经济情报刺激了日本政府的侵略野心，为其决定以武力吞并东北提供了依据”。[①]1927—1929 年间，“满铁”下属的临时经济调查委员会所提交的 34 项调查报告书中，涉及东北、内蒙古、山东等地物产资源状况的就占了绝大多数。[②]

“九一八事变”前后，随着其军事侵略的脚步不断延伸，“满铁”所谓的资源调查也从东北迅速扩展到整个中国。例如为在经济上得到当地丰富的农畜产、矿产等资源，“‘满铁’对东蒙古进行大量实地调查，并不断向日本政府提出建议索取各种权益。从调查活动的内容而言，它主要对铁路经营、矿产开采、土地和财产的占有、农牧工业的发展及移民政策服务”。[③]

作为与“满铁”关系密切的情报人员，岛崎役治等人在拍摄照片时，自然也将很多精力投入到中国各地的资源调查中，举凡铁路、煤矿、锡矿、木材、大豆、牧业、毛皮、棉花等门类，都一一被他摄入镜头之中。例如在 1929 年 2 月考察山东“淄川炭坑”时，岛崎役治就详细介绍了这里的情况：“淄川炭坑既开矿区面积 60 平方公里、炭层平均超过六米，炭质稀见理想，炭量六亿余吨，出炭

---

① 崔艳明：《满铁调查与日本全面侵华》，《河北学刊》，1997 年第 6 期。

② 解学诗、苏崇民主编《满铁档案资料汇编》第 14 卷，《满铁调查部》，社会科学文献出版社，2011 年 11 月，第 54 页。

③ 文宝：《“九一八事变”前“满铁”关于东蒙古的调查资料》，《内蒙古师范大学学报（哲学社会科学版）》，2011 年第 5 期。

量每日一千至二千吨”；[①] 同年8月在考察京奉铁路上的锦县（即今辽宁省凌海市）时，称该地为“东蒙物资集散地，盛产毛皮、甘草、棉花、杂谷等”；[②] 在《亚细亚大观》1928年8月的“吉会线及其附近”专号上，又刊登了一组反映间岛地区木材资源丰富的照片。[③]

像岛崎役治等人这样的专业摄影师，之所以将镜头频频对准毫无艺术性可言的矿坑、棉花堆、大豆囤、木材山等目标，恰恰折射出当时日本觊觎中国丰富资源的野心。自近代以来，日本政府就一直以中国资源丰富、地大物博来诱惑其国民，从而促使国内形成为利益而战的舆论氛围。到“九一八事变”前夕，在一部分狂热侵华分子的鼓吹下，日本从上而下都弥漫着渴望获取中国资源的心理。例如1927年东方会议后，当时的日本首相田中义一在秘密文件《对满蒙之积极政策》（即后来臭名昭著的“田中奏折”）中就公然提出：“唯欲征服支那，必先征服满蒙；如欲征服世界，必先征服支那”，因为“最后之胜利，赖粮食也；工业之隆盛者，赖原料也；国力之充实者，赖广大之土地也”，而“满蒙广袤七万四千方里，人口两千八百万人，较我日本国土大逾三倍。其人口只有我国三分之一。不唯地广人稀，令人羡慕。农矿森林等物之丰，当世无其匹敌。我国欲开拓其富源，以培养帝国恒久之荣华”。[④] 而时任日本驻华公使馆武官的本庄繁也鼓吹道：“满蒙及华北一带的物质，是帝国国防上唯一的粮源，开发该地并提高其经济价值，使之达到无论平时或战时，均能满足我国需要的程度，并且促进其与帝国间之关系，予以诱导、统制，俾能满足上述之需要，此乃保障日本及日本人得以永

---

① 《亚东印画辑》，1930年第87回。

② 《亚东印画辑》，1929年第68回。

③ 《亚细亚大观》，1928年第54回。

④ 中国国民党中央党史委员会编《革命文献》第32辑，台北，“中央”文物供应社，1977年版，第445页。

远生存的唯一方法，也是攸关帝国存亡的需要关键。”① 正是由于这些侵华先锋的诱导，日本国内的民众也急切地希望了解中国的资源状况。为了满足这种需求，日本地理研究会的参考书中甚至赤裸裸地写道：“满洲地广而肥，有大平野，有大森林，矿产又富，是将来工业绝好的经营地，作为日本的殖民地再好没有了。”② 由此，我们就不难理解岛崎役治这位摄影师特别的兴趣了。

有了岛崎役治这类间谍搜集的情报作为基础，日本在后来的侵华战争中，对于资源的掠夺自然更加得心应手。仅以东北为例，“九一八事变”后，以“满铁”为首的殖民机构便展开了长期的疯狂掠夺。据统计，“在长达 14 年的‘人肉开采’政策下，日本侵略者用中国矿工的血肉和生命换取了 214 亿吨煤炭。1942—1945 年，日本侵略者平均每年掠夺 653 万立方米木材，‘伪满’14 年间总计掠夺木材 1 亿立方米，遭破坏的森林面积达 600 万公顷……每年强制掠夺东北粮食总产量的 40%—50%，使广大农民生活无着落，挣扎在饥饿和死亡线上。”③

四、所谓民俗考察背后扭曲的“中国观”

在审视岛崎役治等人所拍摄的照片时，其中那些所谓的“土俗”类内容往往很容易引起人们的兴趣。无论是老北京的街头万象、大漠草原上的蒙古包，还是福建女子的“三把刀”、云南边民的奇异装扮，都很有些人类学意义上的“学术”色彩。然而如果稍加分析就会发现，作为肩负专事搜集情报的日本间谍，岛崎役治等人的镜头显然是别有用心的，其照片上中国人的形象也是扭曲的。事实上，尽管他们拍摄的“各行各业各个阶层的人物，很

---

① 〔日〕江口圭一：《日本帝国主义史论》，青木书店，1980 年版，第 61 页。

② 李贻燕：《日本侵华排外教育的铁证》，《日本评论》，1932 年 1 卷 1 期。

③ 焦润明：《日本自近代以来对东北资源与财富的掠夺》，《辽宁大学学报（哲学社会科学版）》，2005 年第 5 期。

具有旧中国社会人群的广泛代表性”，但其“眼光里充满了对中国人的轻蔑和歧视”，因而“把镜头尽量瞄准人物的封闭、落后、穷困、愚昧，甚至麻木的状态，借此作为他们极端反动的‘种族文化论’所说的‘优等种族’对‘劣等种族’统治的所谓‘合理性’提供依据”。[①]

就像近代以来许多西方来华摄影师一样，岛崎役治等人在中国各地拍摄的“土俗”类照片往往暴露出明显的猎奇心理。例如小脚、麻将、妓女、乞丐、怪病等内容的镜头，就经常刊登在《亚细亚大观》或《亚东印画辑》上。而这种猎奇心理的背后，所体现的正是摄影者的文化优越感。不仅如此，通过这种图文并茂的形式，岛崎役治之流还试图从民族性上极力丑化贬低中国人，从而为他们的殖民与侵略寻找“学术”上的依据。在《亚东》杂志上，日本官方所豢养的一些所谓的“学者”，就经常抛出此类言论，其中不乏题为《支那人心理变态面》[②]《变态国家支那之一面》[③]之类的长篇大论。到“九一八事变”前后，随着日本国内侵华舆论的高涨，他们的“中国观”也日趋畸形，诸如“支那民族无民族精神，极端缺乏爱国心。支那是半开化的国家，富有野蛮的迷信性，是极卑怯的国民，言行不一致。富残忍刻薄性，吐虚言，甚巧，极不洁，自私自利”之类的言论更是甚嚣尘上。[④]为了替本国发动侵华战争寻找“依据”，一些右翼日本学者甚至对中国的国民性全盘否定。著名的汉学家原惣兵卫就在其《中国民族性之解剖》一书中公开声称，中国民族缺乏国家观念，既然缺乏国家观念，当然就不承认国家订立的条约，故违背条约是他们的家常便饭；中国民族的外交是口舌欺诈

① 乌丙安、李家巍主编《窥伺中国：20世纪初日本间谍的镜头》，辽海出版社，2000年1月，“题记”。

② 严彻生：《支那人心理变态面》，《亚东》，1931年，第7卷第2号。

③ 林见彦：《变态国家支那之一面》，《亚东》，1931年，第7卷第4号。

④ 李贻燕：《日本侵华排外教育的铁证》，《日本评论》，1932年，1卷1期。

的外交，能怎样欺诈就怎样欺诈，就是毫厘之利也想以诈术取得；中国实行借势压人政策和远交近攻政策；中国民族习性是“贪婪”的等等，据此日本应采“自主强硬”的对华政策。[①]在这种畸形舆论氛围下，就连一向与中国学界关系密切的著名学者白鸟库吉等人，也表示出了“对中国文化的否定，加深了近代日本人对中华文明乃至中国人轻蔑的程度”。[②]

发人深思的是，日本间谍对于中国国民性的研究几乎贯穿于整个侵华战争期间。例如日军于 1937 年编印的《长江下流地方兵要地志拔萃》中，就有对江南地区中国汉民族的 17 条概括性总结。[③]毫无疑问，这些情报对于他们在侵略过程中采取何种政策具有重要的参考价值。

通过《亚细亚大观》上刊登的一些照片及文章还可以发现，在“九一八事变”前后，当岛崎役治这类间谍人员在中国的内蒙古、云南、西藏等边地进行拍摄时，一些著名的专家学者也积极参与其中，而他们的真实目的，则是打着所谓人类学考察的旗号搜集情报。早在 1907 年时，东京帝国大学教授白鸟库吉在写给“满铁”总裁后藤新平的意见书中就呼吁：“值此之际，从长远考虑，乃为完成战后之经营，树立国家百年之大计。关于东洋事物——学术上的调查、研究之事尚有不足，对亚洲学界计划实施之事业虽然颇多，但以往研究拘于最近战争及爆发之原因。今后我国尽力经营之任务在于满洲地方的研究，此最为迫切、紧要。”[④]1925 年 7 月奉命考察内蒙古东部的克鲁伦河流域时，岛崎役治就特邀蒙古研究者志水语一

① 俞祖华：《近代日本人对中国国民性的评说》，《烟台师范学院学报（哲学社会科学版）》，2002 年第 1 期。

② 王屏：《论日本人“中国观”的历史变迁》，《日本学刊》，2003 年第 2 期。

③ 沈克尼：《侵华日军曾经“细研”中国国民性》，《中国国防报》，2011 年 10 月 18 日，第 21 版。

④ 〔日〕白鸟库吉：《满洲历史编纂之急务》，武向平、田刚编译，《东北史地》，2011 年第 2 期。

起从满洲里出发同行；[1]1927年赴黑龙江及内蒙古拍摄时，他又特地邀请著名人类学家鸟居龙藏担任摄影顾问并在《亚细亚大观》"满蒙处"专号上撰写了题为《金上京遗址》的文章；[2]1929年前往济南拍摄时，他邀请的则是著名考古学家八木奘三郎，后者还在《亚细亚大观》"济南"专号上发表了题为《济南近乡胜区》的文章。[3]

综观岛崎役治等人所拍摄的这些照片，虽然大多数作品艺术性并不高，但对于研究近代日本不断向中国渗透及侵略的细节问题，无疑具有较高的历史价值。更重要的是，与文字资料相比，照片有时往往有更强烈的视觉冲击力和历史说服力。特别是在反击日本右翼妄图美化侵略、否认历史的丑恶行径时，这些发黄的老照片将成为更有力的铁证。

---

① 《亚细亚大观》，1925年第15回。

② 《亚细亚大观》，1927年第46回。

③ 《亚细亚大观》，1929年第60回。

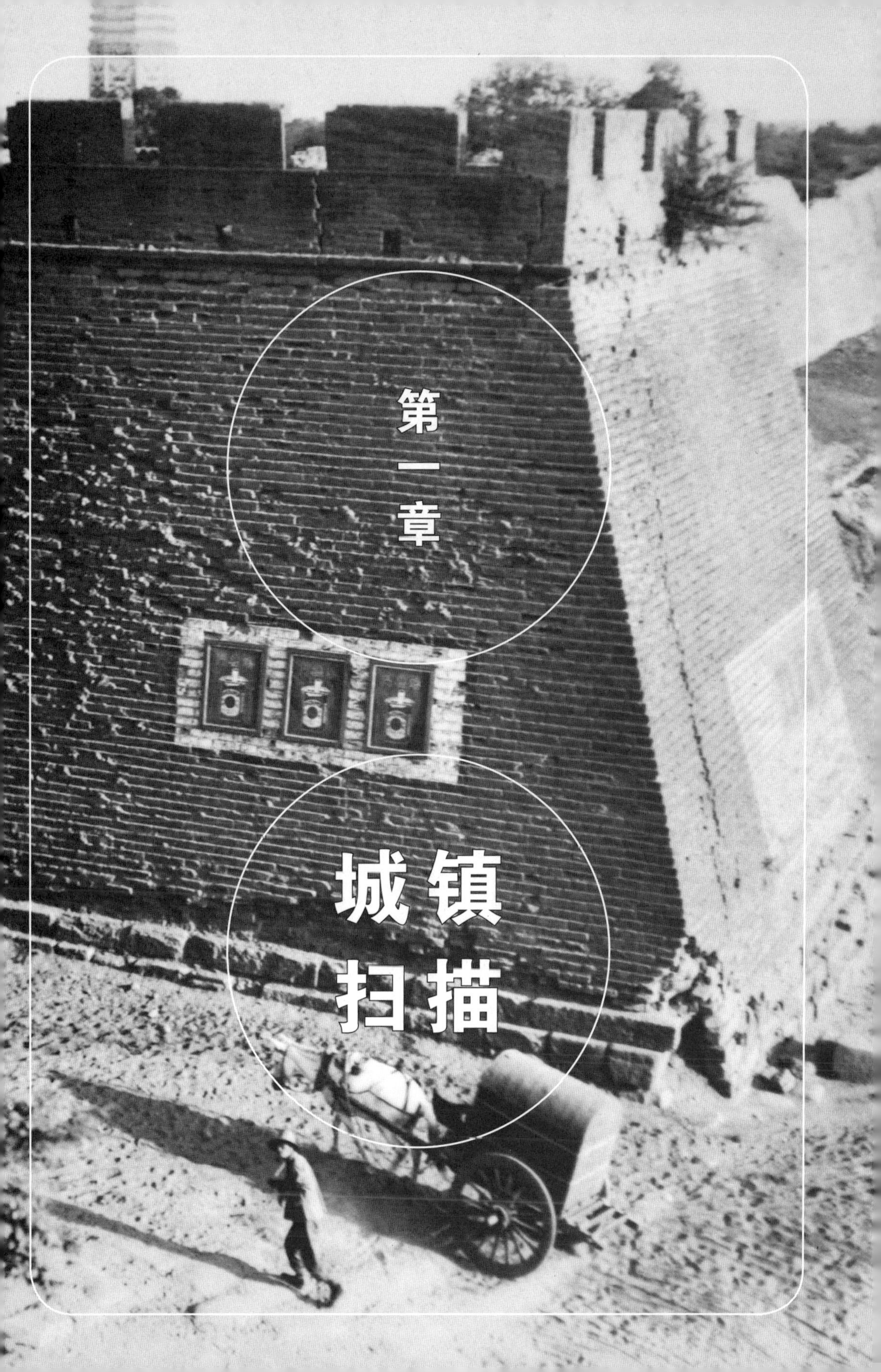

第一章 城镇扫描

对于任何一个国家而言，大大小小的城镇不但人口集中，而且往往也是每个地区的政治和经济中心，因此也是国家实力的核心。事实上日本在发动全面侵华战争后，尽管其在战场上一度获得了很大优势，但兵力也只能以占领城镇为主。所以当日本间谍摄影师们潜赴中国各地搜集情报时，他们首先就会将镜头对准所路经的城镇。审视《亚细亚大观》和《亚东印画辑》上面刊登的那些反映城镇面貌的照片，我们会很容易地总结出其特点。摄影师们通常会寻找一个制高点，然后俯瞰整个城镇来一个全景照，之后便是拍摄城墙、城门、街道、商铺、政府机构等细节。就是秉承这种工作理念，他们几乎走遍了整个中国，而无论是东北、华北、华南还是西南，大大小小的城镇都被他们的照相机全方位“扫描”了一番。

一、“满蒙生命线”

在近代日本向中国发动侵略的过程中，“满蒙”地区无疑首当其冲。抗战时期著名的战地记者曹聚仁、舒宗侨在他们 1947 年出版的《中国抗战画史》一书中，曾这样概括日本自近代以来对“满蒙”的侵略过程：

在日本侵略中国的蓝图中，进攻满蒙原是进攻中国的踏板。

在地理上，满洲所处的位置足能在东亚问题中扮演一个重要角色。满洲气候利于动植物的生长，季节变化又极能刺激人类活动。它是各地人民的一个天然会合地。在西南面是汉人，西面是蒙古人，北面是俄国人，东面是朝鲜人，更东是日本人，南面有海港，可借

《亚细亚大观》摄影师身背照相机徒步进入辽宁抚顺的兴京陵街，1930 年。

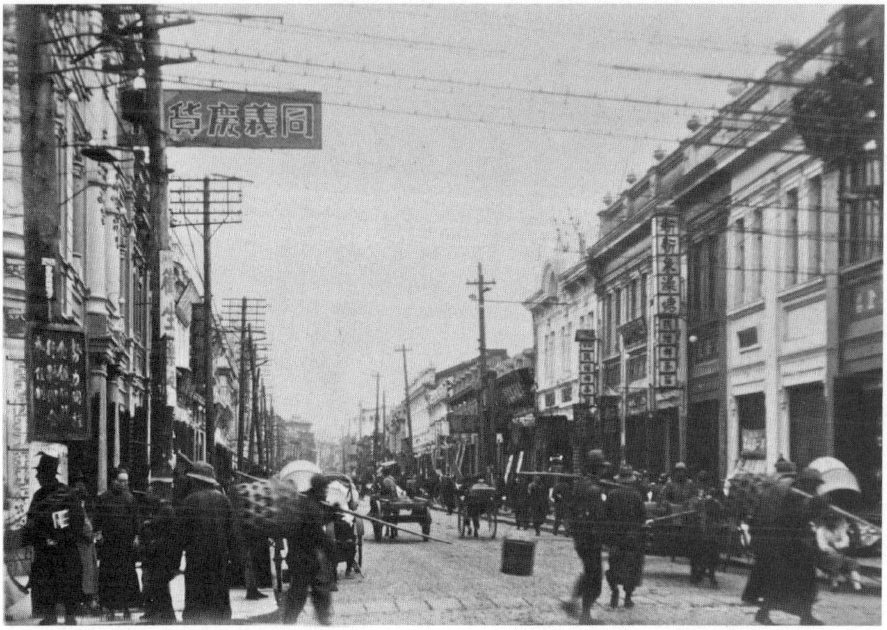

哈尔滨傅家甸一带，1934 年。

哈尔滨是东北地区近代以来才迅速兴起的一座大都市，而傅家甸正是哈尔滨早期发展的一个缩影。傅家甸也称马场甸子，最早称傅家店。这里原本是松花江畔的一片沼泽地，1903 年中东铁路正式全线通车后，因邻近铁路而吸引大量商人、苦力聚集，很快形成居住区和商业、行政中心。照片原说明指出，傅家甸 40 年前还只是一处村寨，今天已发展成大都市哈尔滨一角。

哈尔滨街市，1934年。
照片原说明称，哈尔滨是一座深受欧洲文明影响的大都市，这里充斥着音乐、酒、女人、白俄、“赤化”等元素。

齐齐哈尔城内，1935年。
齐齐哈尔为东北北部重要城市，自清朝初年就一直是黑龙江地区的政治、经济和文化中心，1907年清政府设立黑龙江省时被定为省会，此后一直延续到民国。伪满洲国统治时期，齐齐哈尔与奉天（沈阳）、吉林并列为三个省辖市。照片原说明指出，齐齐哈尔为军事上极为重要之地，现有人口约10万，其中内邦人（日本人）5000。

海拉尔全景，1935 年。

海拉尔位于内蒙古东北部，大兴安岭西麓的呼伦贝尔草原上，“伪满”时期是兴安省省会。照片原说明指出，海拉尔为呼伦贝尔政治中心，是蒙古贸易中心，“满蒙”地区的军事、经济中心。

海拉尔旧街市，1935 年。

此与世界各地保持接触。满洲可说是世界的一个十字街头。但其居中地位，却并未使贸易通畅，反而成为冲突的中心，大家都知道满洲是个“火药库”，而非和平的工业中心。

…………

日人借以掩护侵略的另一种手段，便是利用所谓“商租权”。民国四年（一九一五年）从二十一条要求，到同年五月中日条约的订立，乃有“商租权”的要求：“日本国臣民，在南满洲及东部内蒙古，为盖造商工业应用之房厂，或为耕作，可得需要之土地之借租权或所有权。”（第二号第二条）“日本臣民，得在南满洲及东部内蒙古，任便居住来往，并经营商工等项生意。”（第二号第三条）“如有日本国臣民及中国人民，愿在东部内蒙古合办农业及附随工业时，中国政府可允准之。”（条约第四条）有了这些借口，日人便可以任意侵占土地，散布便衣军人及间谍作军事进攻的伏线了。此外，日人还利用了所谓“南满护路军”与领馆警察来做进攻的准备。所谓“南满护路军”，本无条约上的根据。依据一九〇五年中日会议东三省事宜之条约，我国虽承认日方继承俄国的各种权利，但并未承认所谓“护路军”，日方也允于北满铁路的俄国护路军撤退后，日军也同时撤退。后来俄军已撤退，日军仍强留未撤，此种护路军，实为日本之正规军队，其人数在“九一八”以前，自一万两千人至一万四千人不等，分驻于沿路各要站，如长春、公主岭、沈阳、海城及辽阳等地，其活动范围常轶出于南满铁路沿线以外。至于领馆警察，始自间岛。自一九〇九年中日《图们江界约》订立以后，沿边延吉、珲春各区所设领事馆，均以保护领事馆为名，设立警察队。其后南满之牛庄、辽阳、奉天、铁岭、长春、安东等地日领馆内均设有警察。北满各地领馆增设便衣警察。南满铁路沿线又增城市警察。于是最庞大最完整的间谍网便这么布起来。

所以在“九一八”前，进攻未开始，行动已存在了。

的确，自近代以来，由于特殊的地缘关系，日本就一直将东北视为其向中国发动侵略的跳板和基地。从 1894 年的甲午战争到 1905

富锦街市，1935 年。

富锦位于黑龙江省东北部、松花江下游南岸，是三江平原腹地的中心城市，1909 年设富锦县，“伪满”时期属三江省。照片原说明指出，富锦为松花江沿岸工商业中心，人口 35000。

绥化旧街市，1935 年。

绥化地处黑龙江省中南部，是重要的交通枢纽，“伪满”时期划归滨江省管辖。照片原说明指出，绥化附近一带生产大豆、小麦等，是重要的货物集散地、驿站，人口 20000 余。

东宁县东城门，1928 年。

东宁县位于黑龙江省东南端，邻近俄罗斯远东地区，具有重要的战略地位。照片原说明称，东宁县城的城墙简陋，系草草修建，当地治安混乱，土匪猖獗。从照片中可以看出，集合在城门前合影的既有中国当地士兵，又有一些旅行者模样的考察人员，应该正是搜集情报的日本间谍。当时，日本尚未发动“九一八事变”，这些情报人员千里迢迢来到地处中俄边境的偏僻小城，其险恶用心自然不言而喻。

呼兰街道，1935 年。

呼兰地处黑龙江省南部，松花江北岸，1913 年设县，“伪满”时期先后隶属滨江省和哈尔滨特别市。

年的日俄战争，从 1931 年“九一八事变”到之后建立傀儡政权伪满洲国，侵占中国东北始终被当成日本的国策之一。正因如此，在长达半个世纪的时期里，日本人几乎对白山黑水的每一寸土地都进行了深入调查。

早在明治维新期间，野心勃勃的日本就迅速确定了对中国、朝鲜进行侵略扩张的所谓大陆政策。在这一政策的主导下，东北又被日本军国主义分子视为特殊地区，并进而处心积虑地制定了“满蒙政策”。当时，包括佐藤信渊、吉田松阴等人在内的扩张主义分子都曾公开主张首先吞并东北，之后再征服全中国。明治维新完成之后，日本首相伊藤博文等人完全秉承这种侵略政策。而为了准备将来的军事行动，日本很早就开始向东北地区派遣各类间谍，以广泛收集政治、军事、经济、地理山川、风土人情等方面的情报。

据记载，最早赴东北从事间谍活动的是陆军少佐池上四郎、陆军大尉武市正干、外务省翻译彭城中平 3 人。1872 年 8 月，这 3 人以外务省官员的身份从东京出发，先乘船抵达上海，然后又经烟台到营口。在营口登岸后，他们便化装成商人四处活动，先后到奉天、辽阳、海城、盖平等地进行多方面的侦察，并写成调查报告或绘制地图寄给日本政府。通过一年的活动，他们获取了辽东半岛地区大量详尽的情报，内容涉及地形、政治、兵备、产业、人情、风俗、气候、交通、物价等方面，并详尽调查了俄罗斯人在那里的活动。值得一提的是，池上四郎等人的情报工作非常细致，甚至连辽河何月何日结冰，何时人马可以在冰上行走，何时开化等都详细记录了下来！返回日本后，3 人又在侦察的基础上编写了名为《满洲视察复命书》的报告，而报告的主题就是主张日本政府尽快占领朝鲜，进而向中国东北地区侵略扩张。稍后不久，岛弘毅、伊集院兼雄等军事间谍也曾先后奉命潜赴东北进行调查。到甲午战争前夕，又有大批日本间谍相继来到东北刺探情报，其中较为典型的当属福岛安正。

1883 年，陆军大尉福岛安正以日本驻中国公使馆武官的身份进入东北和蒙古地区，收集大量地方政治、军事、地理、风俗、交通

扶余全景，1936 年。
扶余地处吉林省西北部，是一座历史悠久的古城，1913 年设县。

凤凰城，1924 年。
凤凰古城位于辽宁省东部，始建于明朝，因附近有凤凰山得名，1913 年民国政府在此设县，1914 年改名凤城。照片原说明称，凤凰城地处“南满”安奉铁路沿线，有古老的城墙，自古以来就是朝鲜族与满族交汇的重要地点，也是朝鲜半岛的咽喉。

珲春城门，1936 年。
珲春地处吉林省东部，图们江下游中、朝、俄三国交界地带，1913 年设县。1938 年，日、苏两国曾在珲春境内的张鼓峰一带发生军事冲突，史称“张鼓峰事件”。照片原说明称，珲春与苏联靠近，人口 20000 余。这里“妖云缥缈”，由于靠近国境，因而在对顽强抗日的东北义勇军进行镇压和扫荡时相当困难。

新兴洮南，1936 年。
洮南地处吉林省西北部，与内蒙古东部交界，是重要的交通枢纽。1913 年设县，“伪满”时期划归龙江省管辖。照片原说明称，洮南是日本人修建铁路后才兴起的。

敦化街道，1936 年。
敦化地处吉林省东部，是清皇室的发祥地，曾长期禁止开发，1881 年始设县。照片原说明称，敦化自古以来就经济繁荣，是重要的木材和杂粮集散地，但是近年来一直遭受“兵匪惨祸”（实指东北义勇军的抗日活动）。

奉天城内的四平街道，“好像繁华的东京银座一带”,1933年。奉天乃沈阳旧称，从清初一直沿用到北洋政府时期。1928年底，张学良宣布“易帜”，服从南京国民政府，奉天重新改称沈阳。1931年“九一八事变”后，日本于1932年3月扶植伪满洲国成立，沈阳再次更名为奉天。

海城城墙，1924年。海城地处辽东半岛腹地，为军事重镇，人口约15000，“伪满”时期属奉天省。

金州城，1929年。
金州地处辽宁省南部，为辽东半岛南部的咽喉要塞，是陆路通往大连的必经之地。甲午战争期间，日本曾短暂侵占金州，实行军事统治。1900年，沙俄又在金州地区建立殖民统治机构。日俄战争后，金州被日军占领，并划入关东州。从照片可以看出，当时金州的城墙保存尚较为完好。照片原说明称，金州是一座历史悠久的古城，其城墙“东西七町十六间，南北八町三十五间，周围三十一町四十二间”。可以看出，当这些所谓的日本考察者拍摄照片时，其真实意图显然已是醉翁之意不在酒了。

等情报。9年后，他又以日本驻德国使馆武官的身份独自从柏林出发，经俄国横穿西伯利亚到达中国东北，再度详尽考察了黑龙江和吉林地区清朝的驻军、官厅、交通、水路、民风民俗、地形物产以及俄、英等国在东北的活动情况等，而他重点侦察的城镇则包括瑷珲、黑河、齐齐哈尔、吉林、墨尔根、宁古塔、沙兰、珲春、老松岭、牡丹江等十几个之多。1893年6月，福岛安正从海参崴乘船回国。当他抵达东京时，日本皇室成员栖川宫炽仁亲王率领上万民众夹道欢迎，明治天皇也破例授予其旭日勋章。正是由于像福岛安正这样的“探险英雄”不间断地搜集情报，到甲午战争爆发前，日本已对东北地区的情况了如指掌，据说他们所绘制的军事地图上，甚至把许多地区的每座小丘和每条道路都标明了。

除了官方派出的间谍之外，许多日本的民间人员也很早就自发前往东北搜集情报。1883年，日本著名右翼团体玄洋社的成员曾根俊虎、清水元一郎、东次郎、町田实一、东靖民等5人，以考察为名抵达营口，然后化装成中国人秘密潜入东北。当他们在宁古塔一带展开活动时，因行踪暴露而被当地政府逮捕，最终由日本政府委托英美两国领事向清政府施加压力才得以获释。再如著名的民间间谍小越平陆，本身就是右翼团体黑龙会的骨干情报人员。还在甲午战争前，此人就先后潜赴西伯利亚、朝鲜半岛、长江三峡、西安、洛阳乃至云南、贵州、四川等地旅行考察，足迹几乎遍及整个中国。1898至1899年，他又先后两次对东北地区展开详细调查，相继记载了沿途的地形地物、风土人情、民族民俗以及军事、政治、经济等情报，回国后提供给日本政府，而这些情报也为日本当局策划对俄作战起到了重要作用。正是由于各路间谍提供了大量情报，因此在后来的甲午战争和日俄战争中，日军得以在战场上大获全胜。

日俄战争结束后，日本政府强迫清政府允许其从俄国手中继承在辽东半岛、“南满”铁路的特权。为巩固和扩大其殖民地统治及势力范围，日本在东北地区相继设置了南“满洲”铁道株式会社、关东都督府、奉天总领事馆等机构，1919年后又成立关东厅和关东军。清政府垮台后，日本又妄图浑水摸鱼，进一步侵占整个东北地区。为此，在民国初期，一些日本间谍曾两次唆使前清复辟势力掀起了“满蒙独立”运动，最终都被镇压下去。到 1925 年，时任“满铁”理事松冈洋右公然提出所谓的“满蒙生命线”理论。松冈洋右极力鼓动本国政府，要把“满蒙”与中国其他领土区别开来。1929 年 12 月，松冈洋右在一次会议上居然赤裸裸地叫嚣说：“在日俄战争中，日本向满洲投入了 20 亿日元的战费。这笔费用在 10 年内，本利可达 60 亿日元，中国偿还这笔钱了吗？”他还在自己撰写的小册子《动荡之满蒙》中写道：“今天满蒙之地位，对我国说来，不仅在国防上十分重要，而且对国民经济也是不可缺少的。换句话说，作为一个现实问题来看，不仅在我国的国防上，就是在经济上，也可以说是我国的生命线。”在松冈洋右等人的鼓动下，“满蒙生命线”论迅速风靡日本。

与此同时，日本最高当局也加快了侵略东北的步伐。在 1927 年的“东方会议”上，最终确定了要以武力干涉中国内政，特别是要把“满蒙”同中国本土分离开来的决策。稍后，日本当局先是于 1928 年 6 月 4 日制造了皇姑屯事件，炸死了奉系军阀首领张作霖，紧接着便再次掀起了在东北进行间谍活动的高潮。尤其是关东军情报机构，甚至专门为此组织了 4 次所谓的“参谋旅行”，派出大批间谍秘密到长春、哈尔滨、海拉尔、洮南、山海关、锦州等地实地侦察，积极筹划侵占中国东北的作战方案。也正是在这一背景下，发生了著名的“中村事件”。1931 年 6 月，受日本参谋本部指派，中村震太郎大尉等 4 人，打着农业考察的旗号，从海拉尔出发，沿途经兴安岭、索伦山一带进行军事侦察。结果他们在准备经洮南回国的途中被驻防当地的中国屯垦军第三团逮捕。经搜查，中国军队发现他们身上携带有大量沿途调查笔记、军用地图以及测绘仪器等，于是愤而将这伙间谍处死。事件发生后，日本当局立即向中国进行武力威胁和武装进攻，不久后又悍然发动了“九一八事变”，拉开了全面武装侵略东北的大幕。从 1931 年 9 月 18 日到 1932 年 2 月 5 日占领哈尔滨为止，日军仅仅用了短短 4 个月的时间就完全侵占了中国东北。1932 年 3 月 1 日，日本又扶植清朝末代皇帝溥仪建立伪满洲国政权，由此开始了对东北地区长达 14 年的殖民统治。

通过对岛崎役治等人拍摄的有关东北地区的照片进行分析，不难发现其中大部分正是 1931 年前后日本人在东北各地进行间谍活动的证据。在他们的镜头里，东北各地的大小城镇之概貌几乎一览无余。众所周知，直到 19 世纪末期，东北地区的城镇才开始迅速发展。而在 20 世纪二三十年代，除了沈阳、大连等城市之外，以铁路、港口、码头等交通沿线为依托，东北地区又兴起了许多城镇，其规模远超内地。例如在辽河流域，就兴起了海城、牛庄、辽阳、田庄台、铁岭、新民、开原等 30 多个城镇；松花江流域则出现了佳木斯、依兰、三岔口、富锦、扶余等新兴城镇；另外在铁路沿线出现哈尔滨、满洲里、海拉尔、绥芬河、白城、通化、绥化、四平、公主岭、齐齐哈尔、长春等城镇。在当时，要想控制东北，日本侵略者自然必须将目标集中在这些城镇上来。因此当各路日本间谍来到东北后，首先就会对大大小小的城镇进行情报搜集，了解城镇概貌、地理交通、物产贸易、人口分布等方面的详细信息。于是我们看到，在岛崎役治主持发行的《亚细亚大观》中，除了照片之外，还会刊登一些考察人员的“旅行报告”。而当多年后我们仔细阅读这些“旅行报告”时，字里行间都会感受到他们的别有用心。比如这篇由日本“民间人士”真山孝治[①]撰写于 1927 年的游记，就详尽地叙述了作者在“北满”地区游历途中的见闻和感想。

---

① 真山孝治为近代日本著名的画家，曾是“满洲”美术家协会的主要成员。该协会是日本人在大连设立的艺术团体，1929 年 5 月设立，由大野斯文、伊藤顺三、谷山静生、山城竹次、真山孝治、浅枝次郎、平岛信等发起，关东厅长官任会长，“满铁”总裁任副会长，共有会员 88 人，设干事 9 人。该会提倡美术家之间所谓互相帮助，加强联络，经常交流，发掘和“弘扬”“满洲”的乡土艺术。成立当年举办第一次展览会，展出“西洋画”240 件，“日本画”25 件。1930 年 5 月举办第二次展览会，共展出“西洋画”“东洋画”及雕刻艺术品 102 件。

北满怀想（节选）

“北满真好啊，接下来会是怎样的景色呢？”

到了六月份，心中对北满怀着亲切感情的人们之间，便会出现这样的问话。从蒙古刮来的风停了，北满的景致也完全漂亮了起来。旷野从长期闭塞的严寒里重新苏醒了，再没有比原野上的大自然更美丽的东西了。青草上、山丘上、林间的树梢上都闪着光，一切都苏醒了过来。大地开始变绿，再由绿色变成浓郁的青色。天空中没有一丝云彩，蓝得清新畅快。

从南满过来时，心里还想着在直到哈尔滨附近眼前大概也还只是同样的东西吧。没想到到达目的地之后，才发现哪里都有一种别样的感觉。自然风光不一样，调来的人们则不管见到了什么，都一副漫不经心的样子，大概是见怪不怪的缘故吧。难道不会觉得这已经不是中国的一部分了吗？即使连车站的名字也是这样，南满沿线的车站名字，读起来一听，毫无疑问，就知道是中国的语音。而北满则并非如此，即使上面写的是汉字，一听读音也知道这绝不是中国的名称。海拉尔、包头、呼伦贝尔这些一定是蒙古语的发音，而杭达尔扎、穆棱、波格拉尼奇内这样的名字，听起来则不可否认地给人一种在距离蒙古很近的俄罗斯乡村旅行的感觉。火车上，除了三等车厢之外，其他的车厢大多都是俄罗斯人。火车的出发与到达每每都会鸣响站内的电铃，颇有异国风情。

除了齐齐哈尔有一些中国风味的街道之外，在其他地方可以说一条也没有。不论是傅家甸也好，海拉尔也好，还是一面坡、杭达尔扎和满洲里，城里的中国街道都与俄罗斯街道隔着很远。有一些偏僻的地方，则感觉像是外来打工者的居留地。在这里居住的中国打工者，总感觉有些寂寞，看上去也是战战兢兢的。

沿线的风景，同在南满看到的一样，从火车的窗户向外望去，满眼尽是丰饶的高粱地。被土墙围起来的农家里，有驴马的嘶叫声。这样的情景即使在任何地方都看不见。马的身体很大，鬃毛很长，多是俄罗斯马。种地耕作的人，正在放牧的人，似乎都是俄罗斯人。而中国人呢，只看见他们都干着马夫啦、车夫啦、放牧人之类的为外来打工者准备的苦力活儿，与南满没有什么太大的差别。然而即便如此，仍然感觉有什么地方不一样，果然异国的风情，就是让人感受深刻啊。

哈尔滨有很多从祖国移居过来的人，由于长期生活的结果，这里的街道与莫斯科的街道形状和样式都差不多。如今，这些街道上有很多颜色不一的繁茂的树木。然而却并没有多少汽车，街上奔驰着俄罗斯式的轻装四轮马车，马蹄声响亮。这凹凸不平的石头路一点也不让人讨厌。驾驶马车的人，袖口是绯红色的，胸前围着黑色天鹅绒的护胸，脚踏鞑靼人风格的长靴。彪悍的烈马在傍晚的风中奔跑披靡。那尖锐的蹄声，节奏明快。奔跑的模样，有一种说不出的意气风发。寂静的夏夜里清脆的马蹄声，在石头路上远远离去。

由此观之，哈尔滨不管怎么说都是俄罗斯的哈尔滨。那里的人家、居民，树木和街道，所有的一切都与我们的生活不同。即使当我站在中国人经营的商店门前时，这些个店铺也都是面向俄罗斯人的杂货店。旧西装和旧家具的批发商店的样子也与周围融洽无碍。听说这里一共有两千左右的日本人，这些只抵得上当地俄罗斯人的百分之一。然而，当我看到埠头区修建的日本小学，还有中央大街中心处，在高高的松浦商会所在的建筑物上飘扬的日章旗时，心里也颇为自豪，不觉高兴得涌出眼泪来。

…………

我曾经同从内地过来的K先生，在五月中旬一同前往哈尔滨。正好在一个月前到达哈尔滨。虽然从街市四周的旷野深处吹来的褐色沙尘昏天黑地，狂暴之极，然而大自然终究是开始变得美丽了，树木的新芽看起来就好像是青瓷色的。北满的旅行就从这里开始了，心里一遍遍地这样想着，眼睛向窗外望着。对于头一次前往北满的K先生来说，不论看到什么，都有耳目一新的感觉。

“哈尔滨，被称为东方莫斯科。此前也听说过这是一座按照目标来进行规划建设的城市。然而却没想到是一座俄化如此厉害的城市。真是太令人吃惊了。日本不知道什么时候才能有这样的城市啊。”

K先生在城市的街道上，不断地回头，驻足观看。建筑物也好，街道也好，行道树也好，往来的人们也好，没有一样点染着中国风情。他一边吃惊，一边做出了如上的感叹。

“不管怎样，在北京召开铁路铺设会议的时候，就已经决定了要将这条线路铺设到兴安岭。真是太有趣了。就连中国也对此毫不知情，真是太有手段了。如今的中国，真是不行啦。”

“确实是啊，俄罗斯这个国家，确实下了很大的功夫啊。眼前的这个商埠区也好，新市街的住宅地区也好，全部都已经是俄罗斯人的东西了，哪里还有一点儿中国的气味儿。虽说满洲是与中国不同的地方，然而这种说法，恐怕也是有点强词夺理吧。凡是在中国，总是会有一种味道，不管去哪里，都能闻出这种味道。然而在这里却完全不一样，真让人吃惊。”

以上的这些话并不是K先生说的，而是我们在北满的旅途中，经常能从别人口中听到的交谈。还有人这么说：

“在这样寂寥的旷野深处，建设这样一座城市，真是让人难以想象。就像是幻想故事中，森林深处的魔幻之城一般。”

人们借助铁路的力量，以令人恐怖的速度，建造了各种各样的东西。就拿运输和开垦来说吧，即使对俄罗斯自身来说，直到这件浩大工程竣工之前，都被看成是一件毫无道理的事情，一种目中无人的做法。直到日俄战争告终之前，以铁路为中心的各种各样的小插曲，在沿线各处都能听到。总而言之，在这寂寥的无人之境里，凭借指南针，找到这么一个连地图上都未予标注的地方，就像之前所计划的那样，把那些从本国移居过来的人们，安顿在此处，并让他们在此处工作。即便他们是迁移性很强的人种，也不得不为他们提供必要的帮助。后来，各个家庭的人们和新的女性才都逐渐迁移过来。然而俄罗斯人之所以能够在此安居乐业，却并不是因为上述那个时代的任何原因。就我的所见所感来说，他们安居乐业的原因，难道不是因为这里有林荫路、剧场、江岸，还有歌舞厅吗？难道不是因为在这些地方，他们能够互相高兴开怀、尽情玩乐吗？从我们国家的习惯上来看，即使是出去买个东西这样，也不得不顾忌邻人的感受，这确实是常人所无法想象的。对这里的人们来说，不仅仅是在那些林荫道上，不管是路旁的长椅，还是公园中的音乐厅，抑或是俱乐部的舞厅，都是必不可少的东西。他们穿过草坪，走进林间，浑身洋溢着自由和幸福，就这样快乐地度过一天又一天，真是令人有说不出的欣羡。再想一想生活在我国的人们，连究竟是为生活而辛苦，还是为辛苦而生活，都已经难以判断了。就这样的生活方式来看，每天都在辛辛苦苦地为子女积蓄资产，然而结果常常却是所有的努力和辛苦都付诸东流。这样看来，还是今日有酒今朝醉的好。距离自己生活太远的东西，不知道也无所谓。只需知道主教的名字、伏特加还有跳舞，就足以终其天年了。

整个俄罗斯的历史，即使比起罗马裁判所的一坪之地的历史来，也显得贫乏不堪。俄罗斯正是这样一个历史贫乏的国家，粗野而单纯。看过此地俄罗斯人的自由脾性之后，再想想我国亲戚众多，令人厌烦，且不得不处处顾及的生活方式，不由得感到有点寂寞。在香坊区的旧公园之中，看着那里被遗弃的小小水池，心里不由得怀疑，那些往日的欢乐，难道都是存在于故事之中的吗？

在日俄战争交战最激烈的时刻，我国处处都回响着每日新闻的号外铃声，尽管连连传来捷报，举国却已是战争状态，仿佛烧开的水一样沸腾起来。再反观此处，似乎并没有战败国的那种悲怆。如今看来，其实是日本被打败了。日本的军人们，正在一天天地把自己的国家推向灭亡，然而他们自己却并不自知，还在一味地战斗着。俄罗斯难道不是当今世上的一大强国吗？看看我们最后的威力吧。于是从本国来的人们，Madame，Madame 地叫着。怀中搂着女人，通宵达旦不分昼夜地狂欢玩乐，打开香槟的塞子，注满公园里的喷水池。树木之间撒满鲜花，弥漫着醉人的香水味。人们围着水池，跳舞狂欢。

二、向华北渗透

20世纪初期，一名来自日本的旅行者曾这样评价他眼中的北京城："支那的都市必以城墙绕之，城市宛如城郭，北京的城郭是城郭中之大者……可谓壮观无比，然试攀城墙，崇文门西百步之遥有德国炮台，正阳门东150步处有美国炮台，此乃义和团事件之变时筑造者，宫城完全朝向帝国的炮门，其命运系于其上。由此可知，谈支那之独立为期尚远。"显然，尽管日本国民曾经对中华帝国那些辉煌的都市有过羡慕与崇敬，但在近代以来的国际大背景下，中国在他们的心目中早已是另一番景象了。当日本国内的军国主义思潮日益盛行，侵略者正虎视眈眈地随时准备发动武力进攻时，即便是举世闻名的古都北京，也早已失去昔日的光辉了。

在大肆鼓吹侵占"满蒙"的同时，日本还很早就将目光瞄向华北，并且在发动全面侵华战争之前就处心积虑地对该地区进行渗透。华北地区包括河北、山东、山西、北京、天津及内蒙古一部分，无论是政治、经济、文化方面都具有重要意义。而自民国初年以来，日本利用其在中国的影响，频频在华北推出一系列政策和谋略，试图将该地区变成仅次于"满蒙"的在华权益之地。

日本在华北地区的侵略，最集中地体现在对山东的野心上。远在清朝末年，当德国强迫清政府签订了《胶澳租界条约》，在山东获取巨大利益后，羽翼渐丰的日本就对一海之隔的这片土地极度垂涎，并在20世纪初帝国主义瓜分中国的狂潮中加紧向青岛等地渗透。据统计，到1913年时，日本在青岛港的贸易总额已仅次于德国。鉴于山东地区经济的发展和重要的战略地位，日本国内的政客、军人和外交官等也纷纷来这里"游历"和"考察"。1914年第一次世界大战爆发后，日本为了趁机攫取利益，竟以对德宣战为由，于同年8月大举出兵山东，侵占青岛及胶济铁路。1915年，日本政府又向当时的袁世凯政府提出臭名昭著的“二十一条”，企图把山东完全变为其势力范围。而在战争结束后，日本又不顾国际法和中国的抗议，操纵巴黎和会，强行“继承”了德国在山东的殖民权益。直到1922年华盛顿会议上，在列强的干涉下，日本才被迫交出山东主权。尽管如此，日本对于山东的野心始终没有消除。1928年，当国民革命军进行二次北伐，向奉系军阀张宗昌发起进攻时，日本军队竟以保护侨民为由公然挑起武装冲突，并制造了骇人听闻的“济南惨案”。

或许正是出于及时了解“济南惨案”后山东各地的情况，1929年，当中日两国的外交谈判刚刚结束后，岛崎役治就不惜冒着危险前往山东拍摄，其间他还撰写了《寻访古齐遗迹》《泰安概要》等多篇摄影报道。

寻访古齐遗迹

从青州出发，三十分钟之后，到达淄店站。

在到达第一站时，我们遇到一位日语特别流利的巡警。我们向他询问管仲之墓的所在地，巡警踮起脚尖，告诉我们，他的墓在南方有寺庙坐落的牛山山麓上。我雇了一个脚夫，想请他当向导。然而不论谁听了之后都以匪患兴盛为由拒绝了我。找了好一会儿才找到一个愿意的人，于是我们就出发了。

向着驿站的西南，走过四五条铁路，就来到了一个村落。从这里到牛山山麓，仅仅只有十条铁路左右的距离了。那里有一个枯草遮蔽的小山，就是目的地管仲之墓的所在地了。那里有两块石碑，其中一块已经倒塌了。这样子看起来，确实是有些年月了。墓丘的右边有一棵柏树，无精打采，落寞而立。

…………

如今面对荒废无人的墓丘，我不禁深深感叹中国世相变迁之快。为此地拍照之后，我们开始攀登之前的牛山。这里仅仅生长着几棵柏树，砖石所造的寺庙没有一座不遭到破坏的，如今已是不能住人

锦县，1929 年。
锦县地处辽宁西南部，京奉铁路沿线，地理位置非常重要，“伪满”时期属锦州省。照片原说明称，锦县为“东蒙”物资集散地，盛产毛皮、甘草、棉花、杂粮等，日本侨民甚多，并设有日本商品陈列所。

四平街附属地，1931 年。
四平街即四平别称，地处辽宁、吉林、内蒙古交界处，是东北地区的军事重地和交通枢纽，“伪满”时期曾设四平省。

义县城墙，1929 年。
义县地处辽宁省西南部，为通往关内的军事重镇，是重要交通枢纽，“伪满”时期先后隶属奉天省和锦州省。

熊岳城，1924 年。
熊岳位于辽东半岛中部，渤海辽东湾东岸，是一座地理位置很重要的古城，从照片可以看出，当时古城的城墙保存尚较为完好。

大石桥全景，1934年。

大石桥位于辽宁省中南部，辽河下游左岸，毗邻渤海湾。民国初年曾为营口县治。照片原说明称，大石桥在30年前还荒无人烟，自从铁路营口线开通以来，这里迅速成为交通要地，现人口有5500，日本人还建有大石桥神社。

林西城门，1931年。

林西位于内蒙古赤峰北部，北靠大兴安岭，与锡林郭勒盟相连，自古就有“塞北重镇”之称。1908年清政府始建县，民国初年隶属热河省，“伪满”时期先后隶属兴安西省和兴安总省。

北京，正阳门城楼，1925 年。

北京，东四牌楼。东四位于东城区，元代称十字街，明代于十字路口四面各建一座四柱三楼式木牌楼，因位居皇城之东，故称东四牌楼，简称东四。牌楼于清康熙三十八年（1699 年）毁于大火，后曾照原样重修，1954 年拆除。

通州街道，1936 年。照片原说明称，通州历史上常年兵乱，而今“新政府”（指伪“冀东政权”）成立后才带来“新景象”。

怀柔县城

昌平谯楼

密云城墙，1934 年。

古北口

天津街市

照片原说明称，天津的外国租界里整洁而井然有序，与之相比，中国人的街道则污臭杂乱。

的荒地了。从山顶眺望，美丽的淄博平原尽收眼底，这座山真是可惜了。

…………

我们在尘土飞扬的道路上前进，之后进入了一片柳树和杨树的林子，从这里就已经可以看到县城的城门了。城门有些与众不同，城楼很高，上面并列着数不清的枪口。进入城内之后，巡警向我索要入城的相关证件，并坚持如若没有证件则不能让我进城。没办法，我最终只得把自己的名片交给巡警，并说明自己是知县的好朋友，希望他放我进城。于是他拿着名片进城去了，过了差不多一个小时，才最终放我进城。

…………

1929年2月9日晚上九点半，我到达了博山站。因为是末班车，所以乘客很少，日本人则只有我一个。

因为行李太多，只得付二十文钱，请列车的侍者帮忙。他按照我的要求帮我将行李拿到了指定的地方，之后我又雇了一个中国脚夫帮忙。

我背着行李，前往出站口。刀枪沐浴在黯淡的灯光下，我国的警卫兵正站在这里。

向士兵询问了旅馆的所在之处后，我便前往寻找旅馆。到了之后一看，这地方已经关门，里面隐约透出电灯的光。踌躇之间，我还是敲了敲门，里面的中国人出来开了门。

他将我引进屋里，一边说着“我还以为没有客人了……”之类的客套话。屋里冷极了，就让他把炉子点了。不久，他就来告诉我洗澡水已经烧好了。我急忙跳进了热水中，一洗白日的疲惫。洗完后，又吃了晚饭。吃完时夜已深了。

第二天早晨七点就起床了，想雇一个脚夫，然而此时中国正是正月，也没有脚夫可雇。不得已，只得请旅馆的中国人带我去领事馆了。

领事馆的分馆主任佐佐木先生爽快地迎接了我的到来，并就我这次的摄影工作与我进行了交谈。我拜托他为我找一个向导，然而

山海关，1928 年。
山海关是明代长城的东北关隘之一，位于长城最东端与渤海之滨相连之处。山海关城池，周长约 6 公里，高 14 米，厚 7 米，有四座主要城门，防御体系较为完整，素有“天下第一关”之称。由于地处海陆咽喉要冲，山海关向为兵家必争之地。1933 年初，继占领东北之后，日军又向山海关发起进攻。1 月 3 日，中国守军被迫撤离。值得一提的是，日军占领山海关后，竟厚颜无耻地将城楼上“天下第一关”的匾额偷运回日本。照片中，处于和平而宁静中的山海关城楼城墙等设施保存完好。

张家口全景，
1938 年。

包头，1928 年。
照片原说明称，包头为黄河流经之地，位于京绥线铁路终点，也是新疆、甘肃、内蒙古等省区的物资集散地，城墙为土制。

绥远城，1929 年。
绥远城即今内蒙古呼和浩特一部分，始建于清乾隆二年（1737 年），为绥远将军驻所。城垣周长 1960 丈，城为正方形。东、西、南、北四边的中央各开一门，门的上面建城楼一座，城门分别名为“迎旭”“镇宁”“阜安”“承熏”，数百年来一直是塞北军事重镇。照片原说明称，绥远城此前因冯玉祥的开发，社会经济有一定进步，如今这里属于阎锡山势力范围。

归化城内牌楼，1928 年。
归化城即今呼和浩特一部分，始建于明隆庆六年（1572 年）。清乾隆年间又在附近修建了绥远城，后新旧两座城合并为归绥，即今呼和浩特前身。

五台县城

承德街市

照片原说明称，承德是热河省的政治中心和省会，并介绍了该城周围的地形，指明其城墙东西5里，南北4里，地处北平和赤峰中间，是华北的贸易中心、交通要道。

赤峰，1933年。

时值正月，各个方面都打去了电话询问，还是连一个人都找不到。最后全靠佐佐木先生的好意，终于勉强要求了一位在领事馆工作的正要回家的中国人，作为我的陪同向导。

出了领事馆，便来到了城内的西园子街。果然是时值正月，街上的店铺无一不大门紧锁，回归沉静。但余喜庆的红纸和漂亮的春联。走过一个人也没有的街道，穿过南门，便是沙沟河。这里是劳工苦力们的游乐场，今日也是一副寂寥光景。

我们穿过了六道门，才到了南关。孝妇河左岸有一条石板路，其左侧便是美丽的河水在流淌，而城墙则延伸至高高的山顶。从这里继续向前走，有一些颇为风雅的建筑。墙上有白字写着“博爱医院”。一座石桥从这里架设至对岸，构造极其巧妙。前方被柏树包裹着的寺院也有一种引人驻足的雅致。继续向南走，再稍向右拐一点，便是灵泉庙了。

我们走进壮丽的楼门，由石头雕刻而成的玉垣所围绕的灵泉池里满溢着青绿色的池水，北边的水口则涌出滚滚的清水，这便是孝妇河的源流所在……

清晨，离开旅馆，沿着孝妇河前行。走了约一里半之后，便来到了陶器的产地山留。正好，当天是博山警备队进行村庄袭击实地演习的一天。进得村里，所到之处都是烧制陶器的窑。沿着小路左拐右拐地前进，不久就穿过村子来到了采炭场。从这里开始又走过了好些村庄。在轻型铁路的左侧，有一座装饰有石人石兽的墓地，如今，仅有石人的头还留在地上了。究竟是不是明代王让之墓呢，着实无法判断。即便如此，也是珍贵罕有之物，于是我便为其拍摄了照片。继续前行，不久就到了八徒子矿坑，这里有轻铁停车场。之后便来到了八徒子街，沿着河，直通城里。从这里之后便是一条直路，然后又继续走坡路。此地在博山三里开外，因陶瓷器工场与炭矿而发达兴盛。

参观完此地之后，博山的摄影之行也就暂时告一段落了。

彭城镇城门

彭城镇是著名的瓷器生产中心，属河北邯郸，与江西景德镇齐名。

杨林村

杨林村位于佛教圣地五台山中心区。

泰安概要

泰安城，从地理上来看，不过是泰山的一个附属物而已。因其地处泰山的山麓，故得名泰安。自古以来，蒙泰山之余泽而存在、发展、繁荣。现如今，泰安已经获得了无法压倒的城市地位了。

泰安的地理位置，接近山东省的中央部位。其东北部，有泰山神圣的山峰。西则有洋河流经，是名副其实的山水明媚之境。在一大片煞风景的大陆景观之中，这里算是相当出色的风景名胜之地。

县城位于津浦铁路泰安站东南不到二英里处，是附近仅有的物资集散地。这座城镇依靠泰山朝圣者们的香火钱维持生活。去年夏天，国民革命军北上，再加上突然发生的“济南事件”，导致山东政府向泰安迁移。此事已轰动世界。政府的迁移也给予了此地足够的活力，泰安作为泰安政府的所在地，像故事里一样获得了急速的发展。一时间，人口达到了二十五万，再加上集散物资的迅速增加，泰安遂成为两倍于以往的大都市。

随着“济南事件”的圆满解决，省政府又再次迁至济南。就今日看来，泰安的声名与具体情况都已不胜往日。今后，泰安的位置虽然无法凌驾于济南之上，然而泰安却正如其名，其位置也将安泰稳固。因为其后永远矗立着神圣的泰山。

只要泰山存在，中国民众对于这座圣山的信仰就会生生不息以致无限。因此，背靠泰山的泰安，也将获得无限的存续。

实际上，日本帝国主义在山东的侵略渗透只是其对整个华北野心的一个缩影。特别是在“九一八事变”前后，随着北洋军阀的统治结束，为了抵制南京国民政府对华北的统一，日本私下里进行了一系列阴谋活动。例如在 1930 年中原大战期间，日本特务头子土肥原贤二便大肆活动，积极拉拢阎锡山及段祺瑞、吴佩孚等势力，企图制造华北政治混乱。中原大战结束后，日本又展开了所谓的“石友三工作”，试图利用石友三、韩复榘、阎锡山等反对张学良。这类活动一直延续到了“九一八事变”之后，但大多均以失败而告终。到 1935 年，在完全占领了东北之后，日本又将侵略的矛头直指华北，

济南城外，1929 年。
1928 年 5 月 3 日，日军为阻挠国民革命军北伐，在济南悍然制造了“济南惨案”，屠杀中国民众 1.2 万人。摄影者特地选择惨案发生之后不久来济南考察，其真实意图不言而喻。

济南环城道路，1929 年。
照片原说明称，济南城墙总长三里，1928 年“济南惨案”时遭到破坏，之后经过大修，现改造为环城游步道路，并向市民开放。

烟台，1929 年。

登州水城，1929 年。
登州即著名的蓬莱，地处山东半岛，第二次鸦片战争后被辟为通商口岸。照片中的登州水城遗迹始建于明代初年，属于古代的军事港口，历史上一度被作为抗击倭寇的军事重镇。

山东，博山，1931 年。

山东福山县城，保存完好的古城，1930年。

山东牟平城外，1930年。牟平地处山东半岛东北部，照片原说明以讽刺性的言辞称，这里是重要的贸易中心，在奉系军阀张宗昌没落后，如今又成为刘珍年军的根据地，封建时代留下的高大城墙、面色发黄的农民、驮货物的驴马、露天市场……这些原始的景象，正是如今中国的现实写照。

莱州城，1930年。

芝罘港，1930 年。
芝罘即烟台，地处山东半岛，是重要的贸易口岸和战略要地。照片原说明介绍了芝罘的地理位置、交通和历史概况，标明该地盛产绢纱、葡萄酒等，并特别指出，每年夏季东洋舰队都前来这里停泊。

淄川郊外，1930 年。
淄川是山东省著名古城，该地区煤炭资源丰富，近代以来一直是外来势力争夺的目标。古城改建于明朝，四面环水，易守难攻。

山东，青州北门，1929 年。

策动了所谓的“华北自治运动”，造成华北局势骤然紧张，中华民族面临最危急的关头，中日全面战争一触即发。

在政治军事上步步紧逼之际，日本还通过非法移民、经济调查等手段向华北地区渗透。“九一八事变”后，日本迅速将视线投向了拥有丰富资源和巨大消费市场的华北地区，于是在实施向“满蒙”移民计划的同时，也加强了对华北的移民力度。特别是 1935 年汉奸殷汝耕在日军唆使下成立伪“冀东政权”后，仅仅 1 年的时间内，日本在华北的移民就增加了 1 倍多，达到 21362 人。当时即有人愤怒地指出，在由天津至北平的火车上，日本人“通常占了大半，宽袍大袖，顾盼自雄，履声答答，刺入耳鼓。膳车中备有‘东洋素烧’，报贩手中有日文《平津日日新闻》，不时还有穿黄制服红帽边的宪警巡查，过丰台车站还可看到高悬的太阳旗”！与此同时，日本形形色色的情报人员也四处活动，无孔不入地刺探和搜集社会经济情报。

这一时期，除了“满铁”等官方机构在华北进行大规模的社会经济调查外，许多日本移民也以游历为名，前往华北各地刺探政治、经济、文化、军事、地理等方面的情况，为本国对华北的侵略提供情报。据统计，仅 1937 年 1 月至 4 月间，就至少有 33 批日本人分别以商人、实业家、会社员、学生等身份由天津赴河北等地“游历”。日本人的情报活动，当时也引起了国民政府的警惕。例如 1934 年 5 月，国民政府就向北平市公安局发出警示，称“日本近于天津设立国际秘密服务部……以考察测量华北、西北地理，包含黄河、内蒙、新疆等处，令其切实查察”。1934 年 8 月，民国政府军事委员会发现：“日关东军在津日租界秋山街宏济里内，设特务机关，派山木为机关长后，其初步计划，派浪人协同汉奸，携带照相机、测量器等，以游历为名，对于重要地区，如城市、飞机场、要塞等，作秘密精详之测度。”遗憾的是，由于当时的国民党政权奉行妥协的对日外交，因此对于这类间谍行径很难采取有效措施。

三、江南风物

作为近代中国最富庶、人口最集中的地区，长江流域及华南地区很早就受到日本人的关注。早在清末时期，日本就在汉口建立了著名的情报机构乐善堂，派出大批人员潜入江南各省。这些人员以不同的身份，打着各种幌子，搜集一切可资利用的信息，其领域涉及政治、经济、军事、交通、民生、民俗等方面，而调查的中心则主要是大大小小的城镇。到民国初年，另一家著名的日本在华情报机构东亚同文书院，又先后派出数以千计的人员前往各省实地调查，并最终编辑成规模庞大的丛书《支那省别全志》，其中江南各省无疑是日本国内渴望了解的重点。此外，针对一些具有重大战略意义的省份及城市，日本一些情报机构还专门进行了深入研究。

例如东亚同文书院编纂的《支那省别全志》江苏省卷就多达6册，分设江苏省总说、分市场、贸易、都会、交通运输及邮电、主要物产及商业惯习、工业、输入品、商业机关、金融货币及度量衡共10编，而所有资料的重点主要都集中在1913—1917年间。浙江省卷是在6批调查人员搜集的资料基础上编纂的，于1919年印行，内容偏重于经济特产、交通运输、工商企业方面。在书中，对于杭州、宁波、温州等城市以及富阳、嘉兴、乍浦、海盐、硖石、湖州、定海、绍兴、余姚等36座县城都进行了详细介绍，其资料之翔实令人震惊。在江西卷中，同样对九江、南昌、义宁州、余江、景德镇、上饶、玉山、弋阳、彭泽及湖口、瑞州、吉安、赣州、雩都、会昌、瑞金、南安、南康等商业中心进行了介绍。在安徽卷中，除了历史沿革外，还重点对各县城的商贸概况进行了分析，例如称芜湖“为皖中米粮之集中出口地，凡沿大江及巢湖流域各县，与夫六安县东

上海，和平纪念塔，1930 年。

该和平纪念塔又称胜利女神像、和平女神像，系为纪念第一次世界大战结束而建，1924 年 2 月 16 日落成于外滩，由当时侨居上海的英、美、法等国侨民团体集资修建。纪念碑以巨大的花岗石为基础和基座，基座两旁为铜制的盔胄盾甲等古代战争用具，碑背面有“功炳欧西，名留华夏”八字铭文。碑基上为面朝西方、双翅高展的胜利女神铜像，其左手安抚着一个战争中失去母亲的儿童，右手欲放于一位失去儿子的母亲头顶。在铜像的四周是包括中国在内的各协约国国徽或国旗，在碑基上镌刻了所有从上海出发而在一战中阵亡者的名字。纪念碑落成后，一度成为上海外滩上一道独特的风景。可惜在太平洋战争爆发后，占领租界的日军于 1941 年 12 月 8 日将其拆除。

南乡之米，莫不直接间接向此汇聚，年达数百万石”等。

到发动全面侵华战争前夕，占领中国最富庶的江南地区以控制中国经济枢纽，从而达到以战养战的目的，已成为日本侵略者精心策划的方针。众所周知，这一地区不但自古以来就是鱼米之乡，而且工商业较为发达，还拥有当时中国最现代化的城市如上海、南京、武汉、广州、长沙、福州等。

尤其值得一提的是，到全面抗战爆发后，即便日本占领了民国政府的首都南京，仍在不遗余力地进行情报搜集整理。经过好几年的努力，日本一家名为江南问题研究会的机构最终编纂了《南京调查资料》。该书资料极为详细、系统，甚至还收录了国民党军事系统重要人物的姓名、职务（曾任职务）、住址、电话等，总数多达1200余人！

与此同时，就连那些以旅游者身份来到中国江南的日本文人，在一方面沉浸于各地名胜古迹和秀丽山水时，也常常不经意间在他们的游记中透露出侵华野心。例如日本著名的诗人小林爱雄(1881—1946)，曾在1908年底来中国旅行，并于1911年出版了《中国印象记》一书。在1个月左右的时间里，小林爱雄重点游览了江南地区的上海、南京、苏州、镇江以及汉口等地。然而多年以后，当我们阅读他的游记时，几乎处处都能发现他对当时中国的诬蔑性的言论。例如当小林爱雄在游览枫桥、寒山寺、明孝陵、古鸡鸣寺、半山寺等名胜时，往往会抱怨“荒废到了极点，瓦砾散落，没有一点往昔的影子”。而令人深思的是，这样一个来自异国他乡的文人墨客，在旅游途中，竟常常大发感慨，呼吁日本应该加大在中国的活动，积极参与到列强对中国的利益瓜分之中。例如当他在九江的港口看到日本停泊场比较偏僻时，就非常不满地写道：“英国公司的停泊场抢占了最好的位置，与之相反，日本的停泊场却被赶到了最偏僻的地方，乘船最不方便。当我们安心于日英同盟的时候，英国人飞速地割占了巨大利益。实心眼绝不是最好的商业战略。年轻人必须来这样的地方检验自己的才能。必须有在洞庭湖畔建水庄的气概。”而当他在南京城外远郊游玩时，却莫名其妙地抱怨道：“在此放眼望去，

汉口

汉口是华中重镇武汉的组成部分，地处长江、汉江交汇之处，自古就是长江流域重要的交通和工商业中心，一度被誉为“东方芝加哥”。20世纪初，曾是中国仅次于上海的第二大城市。照片原说明对汉口的交通与经济进行了介绍，并将其比喻为中国的大阪。

上海，1930年。

照片原说明称，上海在80余年前还只是黄浦江畔一个小小的渔村，如今每年的贸易额已高达30亿元，堪称中国第一大商埠，拥有人口240万,20余个国家的人们在这里生活。

广州，1929 年。

广州街市鸟瞰，1929 年。
照片原说明在描述广州市的街景时，用了“丑陋”的字样。

南京城墙，1930 年。

南京中山陵

感觉长江水就近在咫尺。在市内，美国人经营的大学、德国人建造的医院等大型建筑分外显眼。欧美人正在向这片荒野无限地扩张着势力，不断地筹划着各种企划，这让我不由想到日本国人可悲的样子，他们受雇于师范学堂等处，只知道把一百二百的钱宝贝似的积攒起来，和学生一样吃着每月八元的饭菜，结果只招来了中国人的冷笑。”

10 多年后，当《亚细亚大观》的摄影师岛崎役治挎着相机来到江南游览时，他的游记中字里行间所流露出的侵华野心比小林爱雄等人更为明显！例如他在 1925 年发表的《南京的现状》一文中，所关心的似乎只有这座六朝古都的地理、商业和资源，而对众多的名胜古迹却只是一笔带过。

南京是六朝古都，现今江苏省的首府，长江沿岸的通商口之一。已知的人口约四十万，居留的外国人五百有余。日本人有一百三十余。虽设有日本领事馆以及日本人小学，然而由于南京一向有很严重的排日倾向，对我国人在此地的发展造成很大的阻碍。

南京城自东南的钟山山麓延伸至西北的长江沿岸，高约三十尺至五十尺，方圆约三十二英里。砖墙环绕的街市，向东南边扩张。南京城共有十三处城门，现有四座门是关闭的，另外九座畅通。

以通向下关的仪凤门为首，还有定淮门、草场门、汉西门、水西门，共五门。四条大相径庭的主干道穿城而过，从仪凤门至水西门的道路，从神策门至聚乐门则是南北向的市街。从朝阳门至汉西门，洪武门至水西门的，是东西向的道路。而位于城中央的是钟鼓楼。钟鼓楼以北的地区，较为平安、清洁。以南的地区则较为崎岖不平，且肮脏不干净。

南京自从成为通商口岸以来，就直接从外国进口商品。单从日本就进口了很多石炭，其他的对外进口商品，则大部分都与进出口岸，如上海、镇江、芜湖、汉口等地一样。出名的工业品，有陶瓷器、绢织物、团扇等。南京的陶瓷器古来被称作南京烧，极为精巧雅致，与江西景德镇的陶瓷齐名。绢织物的精致细密，居南京出口商品第一位，然而现今还没有大规模的生产工场。至今仍然使用传统的机器进行小规模的生产，因此规模小，制成品的产额也不多。然而，若是为他们构造指导改良的道路，一定能让这一切焕然一新。团扇、扇子的生产制造，也没有特设的工场，仍然是个人手工业的规模。

南京附近一带，水利资源丰富。稻田广阔，产量丰硕。谷物在此地的农产品出产中位列第一。棉花、大豆、茶、麻、落花生、豆类等则位居其后，产量较少。其他的农副业之中，养鸭业兴盛。向其他地方出口的盐，其出口额也非常巨大。

南京的渔业资源主要分布在长江沿岸。其中鲤、鳜鱼等最为美味。郊外也有草鱼和青鱼产出。在市场里，可以看到活蹦乱跳的鲜鱼和热闹的贩卖场景。

此地也是教育兴盛之地，因此，有很多学校。其中最有名的是金陵大学，此外还有其他数所大学。他们的学生往往都具有排日倾向。

主要的名胜古迹有：明故宫、明孝陵，其余的有皇陵、北极阁、鸡鸣寺、施食台、台城、幕府山、狮子山、清凉山、石头城、乌龙潭、朝天宫、莫愁湖、雨花台、凤凰台、旧王府、夫子庙、贡院公园、胡家花园、楼霞寺等。

在1926年的《亚细亚大观》上，另一位纯粹以游历者身份前往江南旅行的日本民间人士下林厚之，他所撰写的游记《江南之旅》，对于长江下游的上海、宁波、绍兴、杭州等城市也进行了一番浮光掠影的考察。

我从上海开始了我的江南之旅。

如今中国的门户——大上海的现状，真是一个奇迹。这里目前有两百万的市民，还聚集了来自各个地区三十几个国家的外国国民。回顾历史，在八十多年前，这里还只不过是一个安静的小小县城而已。而现如今，这里已经不仅仅是东洋的一座商业港口，还是中国政治文化旋涡的新中心。中国瞬息万变的时局，令人眼花缭乱的文化运动，都在上海落下了浓墨重彩的一笔。正是在这种意义上，上海的气氛里，搏动着中国的脉搏。

穿过傍晚摩肩接踵的人流，来到南市十六铺的埠头，前往宁波的船已经满载旅客，鸣响汽笛。十五小时的航程，四角钱一张票的“甲板乘客”，是够受的了。登船之后才发现，连个落脚的地方都没有，一下就被挤到了张三李四之辈里。正在思量一个对于上海的综合印象时，船解开了缆绳，滑向了黄浦江。

在一个没有结果的梦里，一个夜色还没褪尽的早晨，早早地来到甲板上，在微波不兴的海上前行的船，不知何时已经过了镇海，如今正分开浊水，航行在甬江上。

柳荫下的村庄，见缝插针般出现在两岸，溯甬江而行几小时后，大约在早上八点，船在宁波的码头靠岸了。在南埠纷纷攘攘的人流中，无法想象过去遣唐使一行在此登陆的浪漫情景。心中只想到了举着八幡大菩萨旗、在兜裆布旁挂着红鞘大刀、满脸虬髯、四处破坏的倭寇。

街上很干净。然而我心中却在反复思量着自隋唐以来的日中交流史，发现遣唐使与倭寇是此去彼来的。在街市的正中央耸立的天封寺塔，也有过被倭寇烧毁的历史，如今就这样像根棍子一样立在那里。

第二天，我急急忙忙地坐上前往曹娥的火车。火车行驶在山附近的平原上，沿着运河前进。一边的菜花田绵延至山麓，远远近近的，白色墙壁的村庄，大都被竹篱笆包围着，仅在往来呼喊的距离之间，日本的景色也就是这样了。十一点，我们到达了曹江的岸边，在这里乘上渡船，渡江到对岸。走了五百米的路，到了曹娥镇。我在以孝妇曹娥为名的码头，被看稀罕而聚集起来的村民围了起来，吃了一顿名不副实的午饭，又再次乘上了船。

在鱼糕型的编竹挡板下，弯着身子好不容易躺下之后，船就开动了。大运河的船旅终于开始了。船里只能容下七个人。不久，河上就春雨朦胧起来，于是我们就拉下了挡板，点起蜡烛，静静地闭目养神。

傍晚，雨停了。将挡板支了起来，发现船已经在稍稍宽阔一些的湖水中行进了。遥遥看见岸边的柳树朦朦胧胧，雾中的水乡灯火，在微微地闪光。不久之后，天色就暗了下来。绍兴城城墙的黑色轮廓就在这黑暗中渐渐浮现了出来。因为水门已经关闭，我们只能在城外停泊一夜。我们熄灭了蜡烛，聊着此地的匪患。说累了，站了起来，只见朦胧的月亮正悬在城壁之上。

第二天我被人摇醒了，睁开眼才发现，不知何时，船已经开动了。我们正在悄悄地穿过那座在吴越战记中耳熟能详的，由范蠡所造的颇具古风的水门。

运河纵横交错，偶有双孔拱桥横卧于运河之上，宛如画中一般。水都绍兴真是江南的威尼斯啊。在一座牌楼旁，我们停下了船，开始攀登卧龙山。山上的大观真是难以用语言形容。吴越平原一望无际，看着脚下蜿蜒的绍兴街市，心里便只想着调解当年吴越的纷争。在遥远的南边，那一块宛如泼墨一般的地方，就是会稽山。有一条路从山麓开始，沿着运河，直通入眼前的绍兴城南门。卧薪尝胆，最终一雪会稽之耻的越王勾践与他的军队，当年便是从这里凯旋，从这个城门中鱼贯而入的吧。李白曾写道：

越王勾践破吴归，义士还家尽锦衣。

宫女如花满春殿，只今唯有鹧鸪飞。

现如今，已成为一个宁静的城镇，早饭的炊烟正悄悄地升起。

之后，我们便开始步行前往寻访那里的名胜古迹。在参拜完会稽山麓的禹王陵之后，我们喝了一些绍兴佳酿来解乏。沉醉之中，很快就要到开船的时间了。

离开绍兴后，运河的景致又变了很多。所见之下都是开满菜花的原野。两岸有非常多的牌坊门。其中的每一座背后，我想都缠绕着一段令人悲伤的故事，编织了一段浪漫的爱恋吧。联想的头与尾就这样一个一个地接续下去。

傍晚时，小船张开了帆，借着风势向前航行。从堤岸的阴处，出乎意料地冒出来一条开往绍兴的船。两个船头还没来得及打个招呼，就开过去了。夕阳西沉，最后一波余晖在运河的水上闪闪发光。一抹暗红色的云掩映在会稽山旁，不一会儿，颜色就褪掉了，月亮

绍兴，1929 年。长江下游地区的重要城市，历史文化悠久。

宁波，1929 年。宁波是长江下游地区的重要港口，工商业发达。

九江，1930 年。

长沙，1929年。
长沙是湖南省会，是一座历史文化悠久的名城，近代以后，成为革命思想的发源地之一，抗战期间这里又是中日军队激烈交锋的战场。照片原说明称，长沙位于湘江沿岸，地处粤汉铁路的咽喉，是长江流域仅次于汉口的城市，人口50万。北伐期间，国民革命军拆掉城墙，如今这里有日、英、美等国军队驻扎。

福州
福州是福建省会，中国东南沿海历史悠久的城市，近代以来重要的通商口岸，经济繁荣。照片原说明简要介绍了福州的历史、地理、地形等，并说其人口达60万。

南昌，1929年。
南昌是江西省会，长江流域重要的军事重镇，历史悠久。在20世纪30年代前后的革命风暴中，这里一度是全国的焦点。照片原说明称，南昌位于日本借款修建的铁路南浔线上，近年来是中央政府和革命势力争夺的战场，城墙已被拆除。

袁州，1929 年。
袁州为江西省宜春市的古称，是长江中游地区的重要商业城市。

升起来了。

我用毛毯把自己裹了起来，借助蜡烛的火光看着书。夜深了，稍稍打开挡板，月亮正在窥探着人们熟睡的脸。张耳细听，风好像停了，只有“叽叽”摇橹声和船头“啪踏啪踏”划过水面的声音。小船就这样走了一整夜。

没睡多久，就被船头叫起来了。天还没完全亮，小船就已经到了西兴了。我们在此地舍舟上岸，若要渡过钱塘江的话，就要先在这里等待前往杭州的火车。

杭州的春景，是天下绝无仅有的。而且，这些美景全都集中在西湖湖畔。在葛岭之上俯瞰的话，为绿色包裹的小岛像一颗颗棋子一样点缀在西湖中。如画一样的画舫在湖中游弋。一棵树，一块石头，一座塔，不论哪一个，都被置于适当的位置，与整个景色相调和。这就是西湖的特点。匆忙的游玩之后，心里留下深刻印象的，便是吴山的山姿与苏堤的柳色。

火车启程离开杭州，只管向江南的原野东行。

而在1927年考察福建省时，尽管当时国民革命的浪潮已席卷东南各省，但岛崎役治依然对福州及其周边地区进行了全方位的考察。通过他刊登在《亚细亚大观》上的《福州》一文，可以明显看出日本间谍对每一座城市的历史、地理、交通、商贸、物产等资料的搜集是何等的细致！

福州地处台湾对岸，位于闽江上游，是福建省的首府，自古以来闻名的茶叶产地。

福州在汉代称闽越，唐代称闽州，明代开始在这里设福州府治，清代满洲八旗大军在此地驻屯。南京条约将福州列为开放口岸以来，这里作为省城更加繁荣，如今市场由闽江两岸进一步扩大，闽江江面上一派帆樯林立的盛况。城市中心在城墙之内，城外街道叫作南台，是闽江江岸的街道到对岸苍前山泛船埔的合称。从南门街到江岸万寿桥间约三里的街道商业最为旺盛，百货批发屋在城内南大门一间挨一间。该街区是外国人的居住地，和中洲以万寿桥、江南桥连接。外国人的居留地苍前山、泛船埔两个区域也有区别，前者有包括日本在内的各国领事馆、教堂、医院、俱乐部、住宅等，后者则是旅馆、邮局、汽船公司、商铺、银行集中的地区。江岸码头是水陆出入的要冲，极其繁荣。尚南台有台湾总督府经营的同仁医院，在中国人中口碑很好。

福州的中心与闽江上下游各地水路方便，其范围颇大。以南台万寿桥为起点，下游可至马尾、尚斡、长乐、官头及长门各地，上游洪山桥经水口可以延伸 7 里。两处每日有一班小汽船往来，从水口到上游的延平附近，江面有 1200 尺，其下岩石突出，流势也不同，小蒸汽船不能通行，水口以北的地方由大小民船通行于各支流之间。这些民船的通航区域从延平以上中央、东西北三方面分叉，其一经邵武至光泽约 100 里，其二经建宁到浦城、松溪、崇安约 100—140 里，其三经永安至宁化约 240 里，涉及地方有四府一州三十县、二十七城市。而永安、洋口、建宁作为闽江上游水运的三大中心，各地物资都在此集中然后发往福州。

福建的所谓南岭蜿蜒起伏，地势颇为险峻。陆路险恶，加上土匪很多，这里的交通颇为危险。以福州为中心，如果要前往南方的兴化、北方的宁德及福宁等地，商旅必须用轿子，土货则要靠挑夫往来，而水路较为便利。

福州的贸易额巨大，1917 年度进口额为 10 585 576 两，出口额为 9 529 034 两，计 20 114 610 两。由于近来时局动荡，我国商人主要是来自三井、公隆、广贯堂。大阪的商船，一般的商人较少。

福州及附近是原始山地，土地贫瘠，米麦、杂粮产出不足，每年依赖外国进口。然而茶是福建省特产的大宗，虽然近年由于印度锡兰茶、台湾茶的兴起，有所打击，然而一旦地方政局安定后，其前途还是大有希望。另外该地还盛产龙眼肉、蜜柑、荔枝、橄榄、烟草、砂糖、纸等物产。

林业方面，闽江上游地方盛产木材，其中木质坚硬的福州杉，因不容易受白蚁的侵害，与台湾产的峦大杉共称世界极品良材。最近每年出口额 200 万两，在中国仅次于汉口位居第二。

福州工业不发达，只有一些小规模的工厂，但陶瓷器、漆器、木器、雕刻物等工艺品制作业很多，特别是德化、宁德的陶瓷器世界著名。

如果不是动乱频仍及交通不便，福建实乃开拓的宝地，尤其是台湾对福州的贸易更期待同胞奋起努力。此地人情温和，货栈很便宜。只是由于革命军的侵入，近来情况开始恶化。

四、觊觎西南

在对中国各地的情报进行刺探时，即便是地处偏远的西南地区，当年的日本间谍也毫不放松。为了尽可能详尽地搜集有关四川、云南等省份的信息，他们多年来不辞辛劳，甚至是冒着生命危险，通过各种手段潜入中国腹地。

早在1895年《马关条约》签订后，随着重庆等地列为通商口岸，日本人的势力便开始大举向西南地区渗透。于是在条约的保护下，大批日本人纷纷以教师、商人、外交官等身份为掩护，在这一地区进行所谓游历考察。1896年，由日本农务部、商业专科学校、轮船公司等机构的人员和新闻记者、日本商人组成的代表团就抵达了重庆，对当地的票号、当铺、邮局、度量、运费、兑率、地价、工资、市场等经济情况进行了全面调查。其后，又有大批各种身份的日本人前往成都进行调查。例如有一个名叫山川早水的日本人，20世纪初曾在四川高等学堂担任日文教习。1905年3—7月间，他在四川全境进行了长达四个月的旅行，并撰写了20多万字、收有150多幅照片的游记，于1907年出版了《巴蜀》一书。该书详细介绍了四川地区的地形地貌、风土人情、社会经济诸方面的情况，其细节具体到都市城墙位置、街道方向、民俗俚语、土特产等，甚至连某一口水井边有棵小树这样的细节都没有放过。几乎与此同时，另一个名叫中野孤山的日本人，也利用其担任成都补习学堂和优级师范学堂教习的便利，将在成都、峨眉、重庆等地的游览见闻撰写成书，于1913年出版。无一例外地，他们所谓的“游记”都对成都等地的历史沿革、风土人情、经济状况等作了深入细致的描述。鲜为人知的是，日本侵华史上臭名昭著的皇姑屯事件策划者河本大作，也曾在 1916 年打着来川游历的名义进行所谓的“参谋旅行”。而实际上，在旅行期间，身为关东军军官的河本大作却行踪诡秘，频频与当时四川军政界人物进行联系，而其目的无非是为侵华战争搜集各种情报。

著名的东亚同文书院，在组织学员对西南地区进行考察时，则将云南作为了重点。据统计，1910—1936 年间，东亚同文书院曾先后在云南展开了多达 14 次的“旅行”。特别是在民国前期，由于云南当地实权人物唐继尧等采取对日亲善政策，因此这些旅行队往往都能得到较好的关照。据记载，这些旅行队从上海到云南几乎都通过同样的路线，而长期住在位于这一条路线上的各城市的日本人，也非常热情地迎接每一批东亚同文书院旅行队。1925 年后，随着“五卅”事件、济南惨案、皇姑屯事件等相继发生，中日之间的矛盾日益尖锐，中国各地民众纷纷掀起反日运动，即便是偏居西南边陲的云南也没有例外。因此在 1930 年以后，东亚同文书院对云南的调查旅行仅仅勉强举行了三次便被迫中断。

1926 年，当此前一年发生在上海的“五卅运动”在全国的影响还没有平息时，岛崎役治就冒着风险溯长江而上，从武汉乘船抵达重庆、成都等地。尽管在此后的考察过程中遭遇了种种困难，但此行对于岛崎役治而言显然是收获颇丰的。在《亚细亚大观》上，他接连撰写了《成都纪行》等报道，其中详细地描述了他在当地考察时的具体行踪。

到达重庆之后，我们盘桓了十天左右。在五月二日的早晨，我们终于排除万难渐渐开始向四川平原启程了。我虽在此间常为煞风景的旅行所疲，然而一接近此行的目的地成都，我就高兴得干劲百倍，跳下了轿子，迈步前行。

路边的麦子都结出了丰硕的果实，黄金色的麦浪在飘荡着。已经割过麦的田里，有水牛在翻耕土地。这里那里到处都能看到成群的水牛在初夏耕作。

午后一时，我们渐渐穿过府城的东门，内城外的繁华让我们为

重庆码头

成都，万里桥。

峨眉佛光

五华楼
五华楼位于大理古城中央，规模宏大而精美。作为古代官方聚会宴请贵宾的地方，这座高达五层的建筑是南诏古国历史的见证。历史上五华楼曾几度被焚毁并又重建，如今的五华楼则是1998年重建。

蒙自街市
蒙自地处云南南部，是哈尼族、彝族等少数民族聚集的地区。由于交通便利，近代以来，这里曾是西南地区最重要的口岸城市。照片原说明称，蒙自是云南南部第一城市，滇越铁路由此经过，商贸繁盛，不过这里广东商人势力很大，他们飞扬跋扈，街面甚至可看到公开赌博的景象。

个旧街市
个旧地处云南南部，历史上曾归蒙自县管辖，后因出产锡、银而地位日益重要，到民国初年始设县。照片原说明称，个旧位于滇越铁路和个碧铁路上，是个旧锡山所在地，不久前这里曾因遭遇土匪袭击而损失了30万元，由于时局动荡，如今矿山附近的土地已经荒芜。

云南商埠地

昆明为云南省会，历史文化名城，西南的经济和交通中心之一。特别是在抗战期间，这里曾长期担任大后方屏障的角色。照片中为昆明最著名的金马碧鸡坊，如今该处名胜已移至他处。

云南省城

照片原说明介绍了昆明的历史、地理、气候、物产和交通等情况，并特地提到，作为日本人，摄影者对这座城市感到亲切，而这里的日本色彩也较为浓厚，市面上六七成的商品都来自日本。

大理街市

大理市位于云南省西北部，是著名的南诏古国政治中心，历史悠久，山川秀丽，境内居住着汉、白、彝、回、傈僳、藏、纳西等民族，也是西南地区重要的交通枢纽。

之震惊。

宽阔的街道上，是来往的人力车和汽车。街市富丽堂皇，往来的行人熙熙攘攘。这满溢着都市气息的大街，立即就让旅途疲惫的我眼前一亮，就像要跳舞一样，浑身充满了干劲。城内有检查执照的通行处，自上海之外，再一次见到如此漂亮的大街，让我自心里感到喜悦。便急忙乘轿前往位于满洲城旧址的日本总领事馆。不多时，就在街市之上，认出了啪嗒啪嗒地飘扬着的日本旗，此时那种心中的愉悦，是没有羁旅经验的人所无法想象的。我在领事馆门前弃轿而下，对灿烂的菊花纹章行礼，心中满是虔诚，无以言表的喜悦让我泪眼蒙眬。我立即把重庆领事馆筱本署长写给成都领事馆的介绍信交给门卫，就有令人怀念的日本女人出来迎接我，并引我来到楼下。这里真是一副惨淡的光景啊。窗玻璃破了，花瓶的碎片散落一地。桌子，各种器物，以及所有的家具，没有一件是完整的。这一意外的光景让我感到吃惊，又跟着她来到楼上。

榑松领事此时正病卧榻上，这又加剧了这次暴动所造成的苦难。尽管已经相当虚弱了，他还是爬了起来，诚恳地询问我的来意，并讲述此次暴动的情形。那是四月二十八日的事了，当时，有一场有关大沽事件的学生演讲会。其中有一队学生通过之后，被煽动者浇以火焰。被火焰所伤的学生与士兵及其同伙火并了起来，当场一片狼藉。领事用无可辩驳的语调，讲述了当时的暴乱状况，并牢牢叮嘱，因为现在正是特别时期，外出一定要见机行事。他告诉我，因为当地没有此刻应作为领袖人物而出现的统治者，还有三四个头目之彼此争夺势力范围，所以不知道何时就会有战乱发生。而且学生们还一味排外，一旦见到外国人，就对其施加各种暴行，当真是危险之极。我听了他的这些话之后，内心自然是惶恐不已。然而对这些身处没有任何防备设施，且留守在异国腹地之中的人们，还是同情不已。之后，我们就在领事馆的亲切照顾下安顿了下来。洗了一个久违的热水澡，驱除了旅途的肮脏与劳顿，感到全身仿佛再一次复苏了。

洗完澡后，我全身放松，便与领事的家人们闲聊天。晚上十一点，我轻松愉快地躺在暖和的床上，与迄今为止的生活相比，这次就寝真是王侯级别的享受啊。

第二天和第三天，我们都无法外出，只能一边对着晴朗的天气慨叹着无聊的一天，一边听领事介绍四川的基本情况。四号是二十一条发出最后通牒的纪念日，学生们似乎会举行示威运动。因此，领事馆从早上开始，就有中国士兵站岗。然而，这一天并没有发生什么值得担心的事情，就平安无事地过去了。就我此行的目的来说，这真是令人可惜的一天，我一直都在望着窗外，这一天就这么过去了。

那一晚过后天气就由晴转雨，接下来第五天里有学生集会，因此我只能一边待在领事馆图书室阅读县志和成都风俗志，一边翻阅大量的有关四川的参考读物。能做研究，至少还是让人心安的。这一天，还得到了重庆领事馆的迟冢丽水先生与丸尾先生将要到来的消息，真让人感到高兴。

到了第六天，学生的排外运动仍然没有停止。电报不通，信件即使一个多月以上也无法送达。世界上恐怕再没有如此信息不通、交通不便的地方了。在这里这样待着，究竟要待到什么时候啊。于是，我终于决定，从明天起，一定要去街上看看。

…………

第八天，天气阴沉，夜有小雨。一整天我都在读成都要览和峨眉县志。

第九天天气多云，我和杨先生在这天出南门，正行至图书馆前时，看到写有国耻几年的木牌子挂在那。附近的公园里，有学生和市民，靠在树间的竹椅上悠然地喝茶，沉浸于天南海北的神侃之中。那些排外骚乱，似乎在这一刻全都停息了。

穿过曲折的林间，就到了文庙。黄色的琉璃瓦在苍翠的松柏中反射着阳光，美丽而庄严。登上附近的城墙，便能看见郊外。汉昭烈庙与丞相祠堂在茂密的森林中依稀可见。

…………

由于过于贪恋美景，我很晚才回到领事馆。回来之后，才发现领事与他的夫人对我非常担心。他们得到情报：据说就在今天，一个法国医生在市中心被无赖所袭击。入夜之后，我在楼上纳凉，突然听到枪声。成都真是骚乱频仍啊。不一会儿，电灯都熄灭了。我却不知为何难以入睡。

…………

这样一来，我总算是把当地的名胜都游览过一遍了。当我在中国通俗教育馆寻找新的目的地时，室内正在展出上海五卅事件的照片。上面尽是些残杀同胞、国民皆泣之类的排外词句。但是园中还有西藏的牦牛，这种珍稀罕见的东西，恐怕是费了一番功夫来修整的吧。

馆长林先生毕业于日本美术学校。与林先生说起久违的日语，回忆起一些事情，真是让人开心。话还没说完，就已经很晚了。于是感谢了他的厚待，便与之分别了。

在成都也盘桓了很长时间了，其间受到了亲切备至的款待。在向榑松领事夫妇和领事馆各位馆员表达了诚挚的谢意之后，第二天，我沿着岷江下游，踏上了归途。

此次任务完成回到大连后，岛崎役治还不忘向读者标榜一番自己的冒险经历和功劳：

当我们一行从大连出发时，还是寒风吹拂的三月初旬。自那以来，已过了大半年，在我们正在长江上游或四川的深山中，与无知的原住民和酷烈的暑热做斗争之时，得到了来自诸君的关怀和鼓励。这些关怀和鼓励让我们在摄影工作上继续努力，收集贵重的资料。最终，我们在八月二十一日乘神丸号船平安归来。

回头来看，我们此行其实并无十分辛劳之事。我稍稍花了点心思，将这次的这些纪行总结起来，并希望能够发表。

第二章

地理交通

自古以来，地理交通往往对军事行动起到决定性的作用。因此岛崎役治等人在实地考察期间，往往会格外留意中国各地山脉、河流、湖泊、港口、铁路等方面的资料。正是由于一批又一批间谍的不断渗透，当后来日本悍然发动对华侵略战争时，他们的军队对于将要进攻和占领的地区的许多信息都已了如指掌。甚至毫不夸张地讲，在日本人所绘制的一些中国地图上，的确存在这样的情形：每座山、每条河、每条铁路、每座桥、每个路口、每个村庄，甚至村庄里的每一口水井都一目了然！

一、山川概貌

1931 年 6 月 25 日清晨，大兴安岭地区的王爷庙（今乌兰浩特）附近，中国东北军兴安屯垦区公署第三团一营三连的哨兵发现了 4 名形迹可疑的“游客”。经过一番审讯得知，其中领头的是名叫中村震太郎的日本人，他的同伴包括日本人井杉延太郎以及一名白俄翻译和一名当地向导。而随着进一步深入调查，中国军队发现，这其实是一个不折不扣的间谍小组。

在种种证据面前，领头的中村震太郎不得不交代自己的真实身份。原来此人本是日本关东军陆军大尉，隶属于情报二部，直接受关东军特务机关长土肥原贤二领导，负责搜集中国军事情报工作。1931 年春，中村震太郎接受了一项特殊任务：化装潜入海拉尔、洮南地区，搜集兴安屯垦区军事情报，调查日军在横穿“满蒙”时，在宿营、给养、供水以及交通等方面可能会遇到的情况，同时秘密

阿什河之秋

阿什河为松花江干流南岸支流，位于黑龙江省南部，发源于大青山南麓，自东向西流经五常、阿城，在哈尔滨东郊注入松花江，全长257公里，沿河有金代上京会宁府遗址、金太祖完颜阿骨打陵等古迹。

兴安北省，克鲁伦河，1934年。

克鲁伦河发源于蒙古人民共和国的肯特山东麓，进入中国境内后流经呼伦贝尔市新巴尔虎右旗，注入呼伦湖，全长1264公里，沿岸牧草丰美，农牧业发达。

牡丹江风景

吉林省，镜泊湖。

摩天岭

摩天岭位于今兴安盟阿尔山市东北大黑沟上游，海拔1711.8米，是大兴安岭的第二高峰。

连山关

连山关为古代关城之一，位于今辽宁省本溪市境内，境内最长河流为细河。

赤峰，红山，1934年。
红山位于内蒙古赤峰市东北，是著名的红山文化发现地。20世纪初，日本学者鸟居龙藏曾在附近发现了一些陶片，之后又有不少中外学者前来这里考察，发现了一些石器时代的遗迹。1933年，日本帝国主义者侵占了热河省后，为了寻找证明该地区不属于中国历史文化的所谓凭据，曾派人打着考古的幌子来这里发掘，结果无功而返。

凤凰山远眺，高丽门附近，1935年。
凤凰山位于辽宁省丹东市凤城市，由东山和西山两大景区组成，号称“万里长城第一山”。

“南满”，千山之冬。
千山位于辽宁省鞍山市东南，素有“东北明珠”之称，是道教全真派圣地，自然风光十分秀丽。

联络当地亲日蒙古王公，准备策应日本的军事行动。

6月5日，中村震太郎伪装成“日本帝国东京农业学会会员”的身份开始执行任务。为了掩人耳目，他对外宣称自己是进行所谓土壤学调查的专家。为了方便行动，中村还携带了精通骑术的退役军人井杉延太郎作为助手，又聘请了一名白俄翻译和一名向导。在20天的时间里，他们的任务执行得非常顺利，几乎没有遇到任何麻烦。25日，他们翻过索伦山，直奔王爷庙，准备与另一路日本特务会合，却不料途中引起了当地东北军盘查人员的怀疑。在搜查中，东北军官兵从中村等人的行李和身上发现了详细的调查笔记及军用地图，还起获了寒暑表、指北针、测绘仪器和一支南部式手枪。令人震惊的是，在中村的调查记录中，凡是他所经过的地区，关于雨量、气候、村落、居民、土质、水井以及可容驻的兵力等都有详细记载！在铁的事实面前，中村等人不得不交代了自己的罪行。于是，当地东北军负责人果断按照国际公约秘密处死了这伙间谍，这就是不久后被日本国内军国主义分子炒得沸沸扬扬的所谓“中村事件”。

实际上，自近代以来直到全面侵华战争爆发，日本人对于中国的兵要地志情报的收集从未中断过，像中村震太郎这样的事例简直不胜枚举。

众所周知，所谓兵要地志，是根据军事需要，对某一地域的自然地理条件和社会因素及其对作战行动的影响进行综合记述和评价的一种情报资料，包括与军事有关的地形、气象、经济条件、社会情况等诸多方面，供军队在战场准备、军事训练、制订作战计划时使用，是指挥、参谋人员了解、判定战区地理条件和实施军事行动的重要依据。早在20世纪20年代，为了刺探中国各地尤其是东北地区的兵要地志情报，日本军方就同“满铁”调查部密切合作，委托后者的情报人员搜集有关信息。而为了完成这项任务，各路日本间谍往往通过徒步行走的方式，对中国铁路沿线地区的地形、水质、道路、资源等进行调查。在调查时，他们往往要带上懂日语的当地人做翻译，并将调查范围向中国东北腹地逐步深入，从而获取诸如哪里的水不能喝、哪个村有地方武装等细微而又至关重要的情报。

全面抗战爆发后，“满铁”调查部又派出间谍前往长江中游一带刺探相关情报。例如仅在1939年，“满铁”调查部派出的间谍就奉命赴汉口周边及邻近的江西、湖南等省搜集情报，其内容则包括湘桂、粤汉、浙赣已建成和未建成的铁路，洞庭湖、鄱阳湖水系，扬子江、汉水、淮河及江北大运河的状况、特点，武汉附近防止江湖泛滥的对策，长江中游地区的气象、地质状况，等等。

除了军方与“满铁”等机构外，许多日本学者也打着科学研究的幌子对中国展开了地学调查。例如日本著名的学术刊物《地学杂志》，从1894年至1944年的50年间，就刊登了关于中国的实地考察报告和研究论文多达370篇，调查地区涉及所谓“满蒙”、中国南方、中国北方及新疆、西藏、台湾岛、海南岛等边疆地区，内容涵盖地质、地形、矿产、军事、经济、人文等方方面面。显而易见，当时日本地学界对中国的调查虽然不无科学研究的成分，但更多的还是从政治、经济、军事等国家利益出发。无独有偶，著名的东亚同文书院在这方面也毫不逊色。为了调查中国各省的地理情况，该机构派出的人员不辞辛劳到处奔走，甚至连广西、云南等一些边远乡村都有他们的足迹。经过多年的资料搜集，他们将各地主要公路的长度、宽度、路面结构，桥梁的长度及建筑材料构成、载重量，渡口的运量及河面宽度等逐一记载下来。而在日后，这些资料又实实在在为侵华日军的作战行动起到了重要作用。例如日军在进攻南昌时，因一度缺乏对当地的兵要地志的研究，结果在长期阴雨条件下作战时吃尽了苦头。最终正是通过对“满铁”调查部和东亚同文书院以前所搜集的情报进行分析，才得知庐山及其周围地区的降雨量全年以3月份为最大，从而调整了战略。

1926年7月，岛崎役治从汉口出发，对洞庭湖及其周边地区的水文地理等情况进行了深入考察，回来后便撰写了《湖南纪行》。

铁锈色的长江，不舍昼夜，悠悠地流向大海，江水的水量日益增多。现今，汉口的租界区，正全力驱使苦力们去修建防水设施，蒸汽泵与水轮机的响声、挑水工人们的叫喊声不绝于耳。在这个喧

北岔子
北岔子位于珲春市境内胡濡河附近，近代以来成为著名的采金场，“九一八事变”后被日本人控制。

长白山远眺
长白山地处中朝边界，是著名的旅游胜地和军事战略要地。

公主岭，1931 年。
公主岭原名公主陵，为清乾隆皇帝三女儿和敬固伦公主的衣冠冢，位于长春市以西，今公主岭市北郊土岭上。“九一八事变”后，因日本当局忌讳陵字，遂改称公主陵为公主岭，后沿用至今。

云南省昆明市
附近的西山。

云南，鸡足山。
鸡足山位于云南省大理州宾川县，因山峰形似鸡爪而得名，最高峰天柱峰海拔 3240 米，是著名的佛教圣地。

滦河
滦河是华北地区的主要河流之一，发源于河北省北部，途经内蒙古境内，最后向东南流入渤海，全长877公里，沿岸风光秀丽。

朝阳附近，大凌河，1933年。大凌河位于辽宁省西部，在锦县（今凌海市）东南注入辽东湾，全长397公里。

鸭绿江

湖南，洞庭湖口，君山，1926 年。
君山是位于岳阳市西南 15 公里的洞庭湖中的一座小岛，古称洞庭山、湘山，与著名的岳阳楼遥遥相对，四面环水，风景秀丽，有二妃墓、湘妃祠、柳毅井等古迹。

兴凯湖
兴凯湖位于黑龙江省东南部中俄交界处，水面面积 4380 平方公里。湖岸为细软沙滩，湖水清澈，盛产大白鱼，是著名的旅游胜地，被誉为“东方夏威夷”。

图们江
图们江位于吉林省东南边境，是中国与朝鲜的界河。1909 年，当时的清政府曾与日本签订《中日间岛界约》，划定中朝以图们江（朝方称豆满江）为界，但后来日本侵略者屡屡在该地区挑起中朝民族纠纷。

山西前往外省的通道

山西黄土高原

嚣的夜晚，大丰洋行经销店的主人寺坂先生与各位店员都来到日清码头为即将乘坐沅山号离去的我送行。那是在7月11日的晚上10点。

离出航还有一些时间，于是我走上甲板，与人们聊天。凉爽的夜晚，闪耀的电灯光，码头宛若漂浮的画卷，长长的滨江路上，穿着白衣的人，散步纳凉，人流如织。

7月12日，刚醒来，就见东方已白，船正溯长江而行。为水所浸的两岸民家，仅仅只有屋顶露出在水面上。树木则只能见到枝梢。无家可归的人们在小船小舟上生活。朝霞笼罩在一望无际的遥远流水之上，其中有帆船在行驶。旭日之光在其上严肃而静谧地照耀着。流云变幻的色彩就像动态照片一样在我们的视野中展开。船在城陵岩岸靠港停泊，之后航向一转向左，岳州府城就到了我们的左舷边上，我们望着城里著名的岳阳楼，继续前进。两艘中国军舰在那，其上有五色国旗迎风飘扬。

岳州是古时的巴陵郡，宋代以来，就一直称岳州。现今是巴陵县的首府，人口6万，其位于湖南北部的咽喉之地，贯通长江与洞庭湖，是四通八达的地理要冲。1898年，被作为通商口岸开放，设立了税关与外国人居住区。

此地主要的出口产品是桐油、牛皮、麻以及牛油等。进口产品以棉织物与油为最，棉丝、砂糖、洋伞、石碱、缝针、纸以及烟草等产品次之。

府城的周围3英里有城墙，分为朝阳、岳阳、凤仪、楚望东西南北四个城门。闻名遐迩的岳阳楼初建于唐代，在清代乾隆年间进行了整修。岳阳楼枕山面湖，其上可遥望君山翠微。读宋代文豪范仲淹的《岳阳楼记》，大致可以想见其风光。

船继续向洞庭湖前进，前进时，在船上可以看到岳州的市街。苍绿的山阴间，有民船来往。远近岸边有各种各样的四方形浅袋渔网，在悠闲地捕鱼。这景致颇为有趣，也宽慰旅情。

在绕过一些小岛之后，就是一片汪洋的湖面。天水相接，一望之下恍如渺茫无限的大洋。终于来到洞庭湖了。

绥远五原，阴山，1929 年。
阴山山脉横亘于内蒙古自治区中部及河北省最北部，东西长约 1000 公里，盛产煤、稀土等重要资源。1926 年 9 月，冯玉祥在绥远五原就任国民联军总司令，誓师北伐，并宣布全军加入国民党。

《尚书·禹贡》中所谓的九江，乃是湖南泉水总汇之处。巴陵在其东，华容与礼州的安乡二县与其相邻，常德府的龙阳县在其西南，沅江在其南。长沙府的湘阴县也在其南。青草湖、翁湖、黄驿湖、安南湖、大通湖等诸湖泊汇聚而成的洞庭湖，其面积有 3500 乃至 4000 平方英里。湖中的最广处，东西约 80 英里，南北约 70 英里。每年夏天，长江丰水之时，洞庭湖的湖水也随之满溢，四围的洲渚则被尽数淹没。涨水之时，可见怒涛澎湃，鱼龙出没之盛状。据说在冬季水落之时，诸湖则悉数干涸，化为一望无尽的洲汀，形成几条网状的水道，可见民船来往交通。

…………

不久就到了汨水，也就是汨罗，是著名诗人屈原投水自尽之地，亦是人们前来凭吊怀古之处。在湘江汇入洞庭湖的地方，有一个白鱼矶。在这白鱼矶修建了一座塔。比起此塔的外形，还是其中的浪漫传说更加有趣和感人。

湘阴附近城镇和村庄的百姓家，没有哪一家不遭受严重的水患。而从上游长沙方向航行来的船上，则全是溃退的中国士兵。其数量则在渐渐增加。不一会儿，这艘船的北边响起了两声枪响，那是在下午四点之时。乘客开始了骚动。我们逃进了上部的铁板之中。

所有的中国客人都跑到楼下的铁板里去了。在这一片狼狈混乱中，又继续响起了两声嘭嘭的枪响。这次是从南侧的民船那传来的。船马力全开冲出了困境，所幸，子弹都没有击中。中国士兵们所乘的那条民船继续向下游开去了。大约过了一个小时，那些慌张骚动的中国乘客一个一个都没了声响，人人都脸色发青。

等到看不到兵船的影子之后，我们就走到了铁板之外。湘江沿岸因水患而荒芜的情景，十分之惨淡。之后在左方的，就是被称为金口的陶瓷制造胜地。而此时，遥远的江中，一条悬挂着日章旗的小舟映入眼帘。船上的家伙们都挥手振臂，欢呼吵闹起来。沅江号停了下来，两条船接近了。这才知道是同文书院的旅行队，正寻求援助。

船在前进，夕阳西下的天空中，炊烟缭绕，飘过村庄与树林。人们渐渐平静下来。学生们在食堂里，一边倒啤酒，一边听着各种遇难的经过，相互之间谈论着中国内地旅行的艰难。船在这时到达了长沙的江面上。在那江上，闪耀着电灯的光芒，日章旗在灯光之间飘扬，那是两艘军舰，嵯峨号与隅田号。

我们的心宛如重生一般，再次兴奋起来。

二、盗测中国

1929年6月15日，辽宁全省公安管理处处长高纪毅给省政府呈报了一份公函，其内容如下：

窃据鸭浑两江水上公安局长宋云奎呈，据第一分署长张勃呈称，据巡长吴兆胜报称，五月十六日满铁理事藤根氏带同随员一名乘“临瓦”丸由安东到浪（头）登岸，等情。署长以该理事系日本名流，且系经过性质，未便检查，当派雇员李诗言密查其行踪。兹据该员复称，该理事到浪系测量浪头江水深浅度、潮水涨落之时间、附近山势之高低、浪街之面积、房屋、住户等项。窥其形势均详载无遗。在浪并未逗留亦未拜访各机关，行踪秘密，事毕即行返安回连，等情。署长以日方要人无故来浪不无作用，当详细调查其用意。兹据传闻，该方拟在浪街收买码头、土地，即在浪头开辟码头，虽系传闻，不谓无因。且中国人知识低下者常受其利诱，或甘为驱使，或阳称中国人开办，实则该方所掺（操）纵，施其惯用伎俩，若不严加防范，诚恐酿成事实，交涉随之而起。事关国防、国权，理合将该理事到浪之行动及传闻之情形，报请鉴核，等情。据此，除令该分署长仍继续侦查实在情形具报，理合据情报请鉴核，等情。据此，除指令仍严密防查随时具报外，理合具文呈请鉴核

仅仅过了10天，盖平县县长辛广瑞又给外交部辽宁交涉署呈报了一份类似的公函：

呈为谨将日人真山孝治等三人到境绘图并拒绝情形报请鉴核事：案据公安局局长高学本呈称，窃于本年六月十一日据第三区分局长

福州码头，
1926 年。

大连港口，1924 年。照片原说明称，大连港的防波堤延长 13000 余尺，港内海面 94 万坪，年吞吐量 450 万吨货物。

金福铁路沿线，城子坦，是日本租借地的守备第一线，1933 年。

渤海湾头，1930 年。

“北门锁钥”，会宁，1928 年。

中山陵前的道路，南京。

营口埠头

宜昌港

天津码头，河口宽18.5公里。

山东角灯台，1930年。

饶河江边的商轮码头，1934年。

金福铁路沿线，明媚水乡，1933年。

平原济南，1929 年。

宁波码头，1929 年。

闽江防沙工事，
1929 年。

宋恩铮呈称，窃于本月十日有熊岳驿驿长广谷宗一协同满铁地方部调查课社员真山孝治、中泽弘光等二人来区声称，受该课命令在熊岳城关绘图并勘街基宽狭，请为饬替协助，等情。分局长以事先并无公文，该日人真山孝治等亦无护照公文，国土攸关，未敢准许，当即严予拒绝，着该等即时出境，等情报由该局转报前来。县长复查该日人并无护照公文，擅自到境绘图，实属不合，应即严予拒绝，除指令并径报外，理合具文呈报鉴核施行。谨呈

对于这一时期中国东北的地方官员而言，类似的报告早已屡见不鲜。就在一个月前，有关方面还汇报称，5 月 20 日，7 名全副武装的日本人乘马由安东来到凤城县，在东柞木山顶用望远镜测量黄海海面，随后又将获取的信息写成函件绑在信鸽脚上放飞，当信鸽向东南飞去后，这伙日本人才返回安东。一群外国人居然敢光天化日之下在另一个国家的土地上随意进行显然带有军事性质的测绘，当时中国国力的混乱软弱以及日本侵略者的嚣张由此可见一斑！

有学者研究发现，纵观近代以来日本的侵华史，其对中国国土的盗测行为几乎始终贯穿其间。早在明治维新后，为了尽快获取有关中国的地图，日本便成立了专门负责侦察地理和测绘编辑地图的机构。甲午战争之前的 20 余年间，日本军方先后派出数十批间谍潜赴中国进行测绘。甲午战争期间，日军专门组建了从军测图班，而后者所绘制的地图在战争中发挥了巨大作用。1900 年八国联军侵华时，日本又利用中国国内政局的混乱暗中派员在北京、天津和山海关附近一带进行测绘。1904 年日俄战争爆发后，日军又一次成立临时测图部派往战区，重点对辽东半岛一带进行了详细测绘。战争结束后，临时测图部被保留下来继续测量中国东北和蒙古。进入民国以后，日本在中国的非法测绘范围进一步扩大到长城以南地区。

当然，在大多数情形下，对于自身这种明显侵犯别国主权和违反国际法的行径，日本方面也是有所顾忌的，因此他们的间谍在盗测中国的过程中，往往会化装成棉花皮革商、杂货商、杂谷商、肥料商、钟表商、药商、畜牧商、木材商、书商、膏药商、粮商、棉

线商、画家等，并有一套秘密交流手段。即便如此，他们的盗测行动有时仍难免遭到中国军民的阻止和制裁。例如在1925年，日本潜赴江苏盗测的人员尽管采取了化装措施仍被当地军队抓获，其缝在衣服夹层中的30张地图也被搜出。就连本书的主角岛崎役治，也曾记述自己在汉口、成都、重庆等地遇到袭击的经历。尽管如此，日本在中国的盗测一直持续到了抗战爆发。到“九一八事变”爆发前，日军基本完成整个东北的二十万分之一地图的测绘，还绘制了东北、内蒙古东部、华北北部，以及中苏、中朝边境地区的五十万分之一地图。令旁观者叹服的是，这些日本间谍的盗测堪称专业性强、规模大、范围广、组织严密、计划周密、手段多样且持续时间长，而其精细程度也令国人为之惊讶。例如1928年日本人绘制的一份五万分之一湖南地图上，居然标明了只有从前打猎采药人才知道的崎岖小路！而当全面抗战爆发后，人们常常惊奇地发现，日本人使用的军用地图竟然比中国军队自己的地图还要精确得多！

1923年，已经开始酝酿有朝一日对中国发动侵略战争的日本政府制订了对华用兵纲领，其中提到：“根据情况，从华北沿京汉线南下的军队和沿扬子江向中国大陆西进的军队，相互策应作战至汉口附近。”这就意味着，自古以来就被视为天险的长江已进入日本军方的视野。

近代以来，由于地理交通条件的限制，当西方资本主义势力迅速在中国沿海及长江中下游流域扩张时，地处长江上游的四川、重庆等地则相对比较平静。不过该地区因其独特的生物多样性、丰富的矿产资源以及神秘的自然风光，一直吸引着列强的目光。特别是1876年重庆被开放为通商口岸后，越来越多的探险家开始涉足这里，而刚刚完成明治维新的日本在这方面也不甘落后。早在1876年，就有一个名叫竹添进一郎（1842—1917）的汉学家，于5月从北京出发，经河北、河南至陕西，然后翻越秦岭一路南下到达成都、重庆，再由此乘船顺流而下，穿越三峡，最终于8月抵达上海。身为文学造诣颇高的汉学家，竹添进一郎用汉文详细记载了自己这段富有传奇色彩的经历，富有诗意地描述了沿途看到的景色。客观而言，与

辽河流水

瓜茄树附近，蛟河风光，1931年。

胶州湾

大黑河，江岸道路，1935年。

富锦江岸码头，1933年。

崂山，九水部落。

济南附近，黄河渡口，1929 年。

葫芦岛

长山列岛，1930 年。

山西，阳曲附近沟道。

山东，石岛，
1931 年。

天津，白河入
口处的水标。

很多这一时期来到中国游历的汉学家一样，竹添进一郎的动机还算比较单纯。

进入 20 世纪以后，随着甲午战争和日俄战争的相继进行，日本国内的侵华野心急剧膨胀。在这种大背景下，以种种名义来到中国考察旅行的日本人，其视角和出发点就发生了很大变化。例如我们前面提到的山川早水，1904 年就曾以教师的身份对长江上游进行了考察，其路线为：从宜昌出发进入三峡，经归州、巴东、巫山、夔州、云阳到万县等地。难得的是，山川早水在游历途中，除留下文字记录外，还拍摄了不少照片，从而留下了长江上游最早的影像资料之一。进入民国以后，越来越多的日本人相继来到长江上游考察，其规模和成果也迅速超越了英、法等国。与此同时，日本一些机构也开始有组织有系统地对长江上游展开调查，其中最典型的当属东亚同文书院。在东亚同文书院出版于 1918 年的《支那省别全志》湖北分卷中，就专门开辟章节记述有关三峡的各种信息。而在稍后东亚同文书院出版的《支那经济地理志》中，日本人还对宜昌、重庆间的水运航路作了调查和记载，这些珍贵的资料，要远远超过当时中国人自己对于长江上游的调查研究。

为了给将来的军事侵略打下基础，日本军方也积极行动，通过各种手段暗地里搜集长江沿线的水文情报，甚至公然向长江派遣军舰和专业谍报人员进行实地测量调查，到 20 世纪 20 年代末，他们已详细掌握了长江及其支流的各种水文信息，为从长江入侵中国铺平了道路。在《亚细亚大观》上刊登的不少纪行中，摄影师岛崎役治等人就曾多次提到在前往九江、汉口、成都等考察途中遇到日本军舰的情形。多年以后，当我们审视当时日本间谍整理的长江水路志时就会发现，他们不但详细记载了上、中、下游干流的江宽、水深、江床、落差、平均流速、急流险滩、各滩特点、水位增减变化、汽船与民船的航行航运能力、溯江和下航的好季节、急流险滩弯道溯航和顺航的方法、中或高水位时峡谷航行法、气候等，还细述了沿岸大小城市、集镇、港湾、滩头的具体状况，甚至对于支流各江河的水平高度、流速、可航力、洪水、陡急弯道，以及各湖水系的

白帝城

白帝城是三峡著名历史古迹，位于瞿塘峡口的长江北岸，距奉节城东8公里，因唐代诗人李白“朝辞白帝彩云间，千里江陵一日还。两岸猿声啼不住，轻舟已过万重山”的诗句而蜚声中外。三峡水利工程建成后，随着水位抬高，白帝城离江面更接近，如今人们可乘游船直达城中。

长江

昆明，笔塘水路。

巫山下行船

巫峡为三峡一部分，自巫山县城东大宁河起，至巴东县官渡口止，全长46公里，沿途风景绮丽幽深，奇峰突兀，充满诗情画意。

巫峡

香溪

香溪又名昭君溪，位于西陵峡口长江北岸，发源于神农架山区，流经兴山、秭归，向南注入长江。相传香溪上游宝坪村乃王昭君出生地，传说昭君的珍珠曾失落溪中，故溪水四季湛蓝而清澈，水味含香。

拖船的纤夫

绝壁索道

照片中为三峡峡谷岸边绝壁上的栈道，即著名的“古栈道”。三峡古栈道全长约五六十公里，栈道包括道路、石桥、铁链、石栏等，高出江面数十米。

风箱峡

从白帝城下行约两公里，在江北岸黄褐色石壁上，有几条断岩裂缝，岩缝高处，有物酷似风箱，传说那是鲁班的风箱，故名之为风箱峡。其实所谓的“风箱”是古代巴国人留下来的悬棺。1971年，有三名采药人冒着生命危险登上风箱峡的缝隙之中，发现了悬棺及里面的巴人遗骨和巴式剑、铜斧等文物。

三游洞

三游洞位于湖北省宜昌西北长江边的山崖上，西陵峡峡口处。相传唐元和十四年（819年），白居易、白行简、元稹三人会于夷陵此地，同游洞中，各赋诗一首，并由白居易作《三游洞序》写在洞壁上，三游洞即由此而得名。宋代时著名文学家苏洵、苏轼、苏辙父子三人也曾前来此地游览，并各题诗一首于洞壁之上，由此人们称之为“后三游”。三游洞实为石灰岩溶洞，地势险峻，洞室开阔，深约30米，宽约23米，高约9米。

马牙山

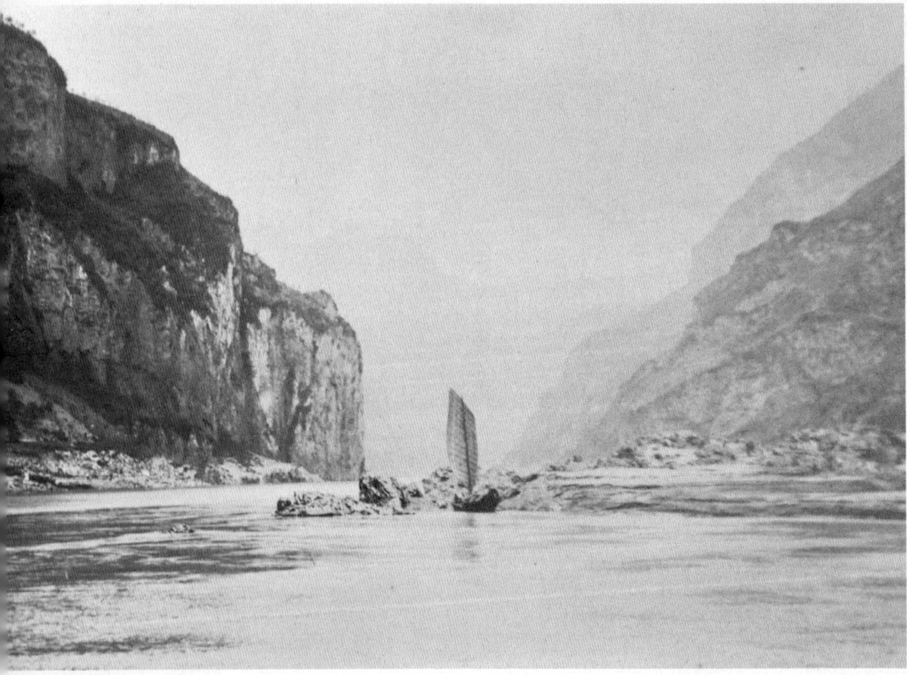

崆岭峡

崆岭峡又名空冷峡，在长江西陵峡东，全长 2.5 公里。峡内有一小段，因岸边山上有一块岩石酷似人牵黄牛，故名黄牛峡。崆岭滩自古以滩险流急闻名，礁石密布，行船稍有不慎就会触礁沉没。昔日崆岭峡中原有一块突出水面的礁石，上刻三个大字“对我来”。近世以来，人们用现代手段对其进行了爆破清理，如今照片中间的石碓已消失。

湖面高低、湖道特点、湖内沙堆泥堆、岛屿、水流、气候、季风、降雨与雾情、可航力、沿湖集镇港湾、沿湖地貌等都有详细描述。

为了尽可能详细地收集有关长江的情报，日本军方在派出专业间谍的同时，也积极发动和鼓励民间机构如日籍航运公司与上海日本人引水协等参与其谍报活动。这种调查活动一直持续到全面抗战爆发。由于及时掌握了详细的情报，战争爆发后，日军顺利入侵长江流域。值得一提的是，当日军于1938年进攻长江重镇武汉时，他们特地从东亚同文书院出版于1926年的《扬子江水路志》中精选出最有价值的信息，然后印制成单行本发放给作战部队作为行动指南。而同样是在1926年，尽管不是专业的测绘人员，当岛崎役治沿着长江逆流而上，在三峡一带搜集情报时，在他所撰写的摄影报道中，仍充斥着大量的详细数据。

万县概况

万县在宜昌上游95里，重庆下游175里处，是一座在长江北岸起伏的断崖间建造的城市，是四面被连绵的群山环抱的景胜之地，唐代号称人口约15万，清同治年间因遭遇大洪水几乎毁灭，不过此后数年间又复兴起来。现在是陆路到四川重庆及四川省会成都的要路，也是宜昌与重庆间的中转港。

商业上，由于地理位置便利，万县于光绪二十八年成为开放口岸。从1917年3月此处与重庆分设海关以来，对外贸易增长迅速。县城北方的山间流出来的苎溪连成一个长6里的廊壁，连接两岸的是雅致的万州桥和自然形成的石头天生桥，城市在江水面以上90尺至110尺的断崖间，道路起伏很大，车马交通几乎不可能。人乘轿，货物靠人挑运，其交通之不便可以想见。

万县附近的江面宽大约160米，街市在北岸，从南岸无法渡过急流过来。南岸水流较缓，船多在此停泊。此地涨水期涨水五六十尺，江流湍急，汽船、渡船出入的危险增大。

附近地方物产主要是砂糖、生丝、药材、桐油等。其中桐油品质优良，在四川省的集散地中占最高位。如今有三菱公司办事处，主任是安富氏，此外还有日华制油、日清汽船的办事处，日本侨民有16人。

重庆概况

四川重庆府是扬子江岸巨崖上的一座都市，巴山山脉在此地蜿蜒伸展，在涂山和对岸的九盘山有大禹诸公的传说。长江与从左方流入的嘉陵江的清流会合，清浊二流一起奔流。这个合流地点的三角形的城墙，在长江一百尺至一百五十尺的岩层性丘陵上，其上筑造城墙周长十六华里，高约百尺，围绕着江岸有五座城门，嘉陵江岸有三座，西面上有一座通远门与大陆相连，浮图关在其背后。这里是古代周朝的巴国国都，秦汉时的巴郡之地，宋时始置重庆府。重庆是四川第一个开放口岸，贸易额在三千五百万两以上。别名渝城，加对岸江北人口一共五十余万人，在此的外国人有四百人左右。

我国根据马关条约的规定，在重庆设置了从长天门外的对岸下流约十町的专管居留地，总共面积约十四万三千余坪，因为交通不便，现在仅有十四五名日本人，以及日中合办的制丝工厂与日人经营的铁工厂。广阔的地面除少数的水田外皆为蓬草荒地，不过将来可以发展成工厂地和住宅地。

城内分六大区，有一百四十街一百二十八巷。然而除了一二大街外全是狭窄又高低起伏的街巷，其中最高的地方车马绝对无法通行，仅能用轿子或者人背搬运。下雨时，轿夫踏在湿滑的地上非常危险。

城内最繁华的街道是新丰街，从文华街到县衙约五十三间、路宽三间半，县衙门旁边大小商店栉比，非常繁华。从陕西街与自象街、打钢街到三元街约六十间，分为上中下三部分。自象街从望龙门到太平门，长五十间、宽三间。因为是太平门外第一埠头，所以大商店非常多。其他相当的街道都狭窄而曲折，用石头垒叠起来，通行不便。

风箱峡

黄牛滩

雨后巫峡

三、铁路命脉

列宁曾说:“铁路是资本主义工业的最主要部门即煤炭和钢铁工业的总结，是世界贸易发展与资产阶级民主文明的总结和最显著指标。”在近代军事战略中，铁路交通扮演着极为重要的角色。因此在对中国进行侵略过程中，日本帝国主义很早就竭尽全力控制中国的铁路修筑权和经营权，并对不属于自己势力范围的中国铁路进行了详细调查，以为将来的军事行动搜集情报。而在这方面，与《亚细亚大观》一直有密切合作关系的“满铁”无疑是最活跃的。

还在“满铁”成立前后，日本就通过甲午战争和日俄战争攫取了长春至大连的铁路及其一切附属权利，同时还索取了安奉铁路的“改良、经营”权，吉长、新奉铁路的贷款权和鸭绿江右岸的木材采伐权，以及开放16个商埠等权益。进入20世纪20年代后，日本越来越不甘心仅仅拥有旅大租借地和“南满”铁路沿线“附属地”的现状。为了推行其所谓的“满蒙政策”，日本便以“满铁”为急先锋，开始肆无忌惮地在东北地区攫取铁路权。根据日本秘密制订的“满蒙铁路网”计划，竟准备铺设铁路约35条，总长计8800公里。“九一八事变”爆发后，“满铁”又进一步大规模地攫取东北的铁路权益。利用新成立的伪政权，以军事力量作为后盾，日本先后夺取了沈海线、奉山线、吉会线、吉长线、吉敦线、吉海线、吉敦延长线、长大线、延海线、洮昂线、洮索线、齐克线等铁路。1935年3月，在日本的压力下，苏联被迫正式签署协定，宣布接受日方以1.7亿日元的代价获得全长1700公里的中东铁路及其附属财产的条款。至此，中国东北全部铁路都被日本帝国主义所独占。日本通过铁路不仅加速了对东北地区矿产资源的掠夺，而且进一步稳固了在东亚

兴安岭隧道，1934年。

哈尔滨，松花江上的铁路桥，1934年。

图们车站，新敦图线终点站，1933年。

敦图线上的
铁桥与隧
道，1933年。

吉林，吉敦线
上的松花江铁
桥，1928年。

敦图沿线，
1933年。

南浔铁路上
的九江铁桥

济南附近
的津浦铁
路黄河铁
桥，1929 年。

敦图线上的
国际铁桥，
1933 年。

张家口，永定河铁桥，
1936 年。

鸭绿江铁桥，1928 年。

敦图沿线，白磊。
照片原说明写道，这里位于敦图铁路图们站附近，地势险峻，也是工程施工最为艰难之处，在施工期间曾修建有负责监护的瞭望所。

延吉，位于中朝边境的天图铁路（天宝山至图们），1932 年。

滇越铁路

滇越铁路

敦图线上的三峰铁桥，1933 年。

敦图线上的朝阳川车站，1933 年。

奉山线上的山海关车站，1933 年。

的势力，加速了东北地区半殖民地化的进程。

“七七事变”发生后，日本侵略者又第一时间抢占华北铁路5000公里，并将兵员、军火、辎重源源不断地从东北运到华北前线，为发动太平洋侵略战争做准备。在岛崎役治等人拍摄的照片中，就有很多有关这方面的内容。他们几乎每到一地，都要利用各种手段摄取有关铁路、车站、铁桥、隧道等方面的内容。

1928年，《亚细亚大观》曾连续刊发了以吉敦铁路、吉会铁路为中心的专辑，详细说明了撰写铁路及其沿线的重要战略价值。例如在下林厚之撰写的《吉会铁道与间岛问题》一文中，就公开宣示了日本人在东北侵占中国路权的野心。

南满铁路北端的长春，也是刚刚开始修建的吉长线的终点站，而吉会铁路则连接吉林与朝鲜铁路京元线延长上的会宁，这条铁路的修建计划已开始实施了。至此，中日之间仅有安奉线连接已成为历史了。如今，在中国东北却突然兴起反对声浪。不过我们大可不必为吉会全线266里的建设问题所困扰，因为中国方面吉林敦化间的131里铁路已于去年10月10日开通，而老头沟地方间63里由日中合办的天图铁路公司经营的轻便铁路也只需稍加修建。如此看来，吉会线工程仅有72里的新线需要筑造。可是中国方面的排日运动却常常上演，他们总是怀疑除了铁路问题以外还隐藏着别的重大问题。

昨天，吉林省城的一千几百名学生被驱赶。他们在严寒中的示威运动持续了几个小时，看起来似乎全中国都在反对吉会线的修建。同样是昨天，一些报纸用两大版印行发表反日宣言。以吉林省城为中心，省内外各地都要求撤走吉会线工程中的日本资本，包括那些所谓的对日外交后援会、省路自修会、路权维持会等。

然而更进一步考量，这种运动难道没有特殊的原因吗？围绕着吉会线问题产生的纠纷，其真相究竟如何？我多多少少想陈述一下我的观点，因为仅就吉会线问题当事者双方来讲，其实是不存在问题的。

我认为，吉会线问题里面还藏着间岛问题。先介绍一下目前的间岛问题，朝鲜与中国之间，然后是日本与中国之间，间岛问题如何出现的，必须从历史记载出发。

所谓吉会铁路，系指中国吉林省吉林市与朝鲜咸镜北道会宁间的铁路。日本人曾公开宣称，“吉会铁路是多年期待能够实现我日本帝国大陆政策的最重要干线”。1909 年，日本以放弃“间岛”所有权作为讨价还价的筹码，从中国抢占了吉长铁路延长线吉会铁路的借款优先权。当初这条铁路原本是日本陆军为了准备对俄作战而作为军事铁路提出的，后来随着日朝合作，日本政府开始意识到，为了稳固对朝鲜殖民地的统治，铁路建设对于与“间岛地区”在经济上、政治上形成一体是必不可少的。而且会宁东接清津港直抵日本，西由吉长铁路与“南满”铁路接轨，可形成一条由日本经朝鲜直达中国东北腹地的最近通路，可直接为其“满鲜一体化”国策服务，因此开始花大力气分段修建，至 1933 年全线通车运营。

透过《亚细亚大观》刊登的这篇文章可以看出，由于日本近代以来一直奉行大陆政策，在中国东北更是长期采取以铁路为总枢实行军事侵略、经济侵略、移民等政策，进而实现其独霸“满蒙”的野心，受这种战略的影响，日本间谍也自然而然地将控制中国路权视为不可或缺的手段。

第三章 军政情报

无论是日本关东军的职业特务，还是“满铁”调查部的情报人员，抑或是像岛崎役治之类的编外间谍，当他们出发分赴中国各地搜集情报时，往往都会牢记一个使命，那就是时刻密切关注所到之处的政治局势、军事设施等信息，并努力同当地中国官员打交道以获得更有价值的情报。在这种理念指导下，成百上千名潜行于中国各个角落里的日本间谍，就如同一座座电台，源源不断地为日本侵略当局提供图文并茂的相关资料。

一、所谓“排日”

1929 年 4—5 月间，《亚细亚大观》的摄影师岛崎役治从大连乘船出发前往青岛，他此行的目的是重点对山东省省会济南及其周边进行拍摄。而就在前一年的 5 月份，为了阻挠国民革命军的北伐，日军悍然制造了震惊中外的济南惨案。由于中日之间大规模的军事对峙，许多在华日人的活动都受到限制。在事后的追述中，岛崎役治心有余悸地写道：“我军为保护我国的居留民而出兵山东，此事一出，日中外交即在很长一段时间内成为世间的视听焦点。交涉的程序引起了全世界的注目。因之，双方均做出让步，事件已接近圆满解决，军队也终于开始撤退了。当时我的第一次，从胶济铁路沿线出发至二十里外的旅行并未得到许可。我估计这次应该没有问题了，于是便把更大的期望放在了还未进行摄影的区域。”通过对当时岛崎役治在山东境内所拍摄的照片进行分析，我们不难看出，为了广泛搜集情报，他们对于中国政局的变化是多么的敏感。

岛崎役治的经历，他的许多本国同行其实都曾深有同感。1915年初，当日本态度强硬地向袁世凯政府提出臭名昭著的“二十一条”时，立即就引发了中国人民的反日浪潮。由于许多城市都掀起了抗日游行示威运动，使得当时正在进行调查活动的东亚同文书院旅行班一路上提心吊胆。为了保证他们的调查顺利进行，日本在华驻军予以了充分的保护。无论是在东北还是在济南、青岛、塘沽、秦皇岛、山海关，旅行班每到一处都会受到当地日本守备军的热情接待。

在1919年的巴黎和会上，当日本公然提出要攫取山东的权益后，中国国内迅速掀起了声势浩大的学生运动。一时间，“打倒日本帝国主义”“废除二十一条”等口号遍及全国。而对于中国民众的爱国运动，日本方面却诬之为“排日浪潮”。对于当时生活在中国的日本侨民而言，无论其政治立场如何，都会切身感受到这种浪潮的冲击。例如著名的对华友好人士内山完造，当时就亲眼看到了这种场面：

这一时期，完造从汉口出发，漫游了长沙、南昌、九江等地。他在长沙首次遇到“排日浪潮”。他回忆说：

“我不了解任何情况，当我在湖南省的长沙城外指挥着几十个手持小旗的苦力列队散发‘大学眼药’广告的时候，迎面走来了学生队伍。学生们手中拿着‘打倒日本帝国主义’‘废除二十一条’‘不忘国耻’等小旗游行。但是学生们只是以异样的目光读了写有‘大学眼药’字样的旗子，两支队伍未发生任何纠葛，擦肩而过。后来想起这个场面，我为当时未发生任何问题而感到惊奇。我怎么也不可理解，秉性暴躁的湖南学生们，为什么会让我们拿着广告旗子的队伍太平无事地通过呢？”

完造结束了长沙的工作之后，又回到了汉口。尽管这里的学生示威运动盛行，但他仍未感到什么危险。在九江和南昌，他停止了广告宣传活动，只是销售眼药、收取货款。“回到上海，我为高涨的排日运动大为吃惊。在上海，到处可以看到‘不买日货、不坐日船、不用日币、坚持到底’的标语。在大庭广众之下，人们演讲的声音

上海，罢市中的南京路，1925 年。
这张照片反映的是“五卅运动”期间的上海情形。照片原说明称，这里是最近南京路事件的发端地，6 月 2 日时上海市的气氛最为紧张，中国人掀起了排外运动。

长沙街道，1930 年。
照片原说明称，由于近年来发源丁广东、广西的革命浪潮，对长沙本地造成了很大破坏。

街头标语，长沙，1930 年。

此时，中国正爆发蒋、冯、阎等新军阀之间的中原大战。照片原说明称，这是长沙市公安局门前的标语，内容为宣扬中国人该如何如何，包括排日、排英、讨冯、倒阎等。

苏联势力影响下的哈尔滨

“新国旗”下的（“伪满”政权）奉天市政公署，1932年。

山东省政府，1929年。

南京国民政府大门，1930年。

和‘打倒日本帝国主义’的呼喊声，此起彼伏。特别是在大马路和四马路为中心的各条大街上，学生的游行队伍和街头演说，令人目不忍睹。每天的报纸刊登着打倒日本帝国主义的新闻，声势浩大，比比皆是。”

（小泽正元:《内山完造传》）

五四运动的浪潮当时甚至波及了西南边陲的四川、云南等地。直到1920年，当东亚同文书院的旅行班潜赴云南等地进行矿业调查时，还能看到一路上尽是宣传抗日和抵制日货的传单，沿途也经常会受到爱国青年的盘问。

1925年“五卅运动”爆发后，日本再次成为中国民众抗议的对象。这一事件的起因，原本是上海的日本内外棉纱厂职员枪杀中国工人顾正红，从而引发上海各界群众的游行示威，结果在5月30日下午，游行队伍在公共租界遭到英国巡捕的开枪镇压，造成数十人死伤。在接下来的谈判中，由于当时的日本政府还不愿激化同中国的矛盾，因此采取了“金蝉脱壳”的外交策略，将英国推向矛盾的前台。尽管如此，当东亚同文书院的调查组在这一年潜赴山西、陕西等地考察黄河时，途中仍遇到了激烈的抗日运动。而在一年后，在“五卅运动”的风波还没有彻底平息的情形下，岛崎役治就冒着风险潜赴四川进行考察，其间也亲身体会到了这一政治事件的冲击。在旅途中匆匆写于所乘轮船的《摄影通信》中，他详细描述了所经之处的动荡局势。

4月1日，天还没亮，从上海出航的大元号，就沿着雨雾朦胧的扬子江溯航而上。4日下午4点到达汉口的日清汽船码头。在汉口、汉阳和武昌进行了摄影工作。8日上午11点，再次登船。在汉阳进行摄影工作时，遇上了危险，稍稍吃了点苦头。不过对今后的活动和工作并无大碍，请诸位放心。当地人性格粗暴，特别是对我国人，时常抱着恶劣反感的情绪。前几日，武昌正金银行的一位职员前去打猎，最后此人并未回家，只有猎犬跑了回来。至今下落不明，搜寻工作仍然在进行中，并没有找到什么线索。

在船上的时候，得到了船长诸多的帮助，也给船长添了很多麻烦。所幸的是，有上海的日本画家贯山画伯同船而行，每日我们与船长三人聊天谈笑，在谈话中，也了解了很多各方面的知识。真是一次愉快的航行。昨日是这样一番景色：大江流过平原的中心，两岸是广阔的大平原；长江的水面，倒映着天空中的云，无声地流淌。今日则时时看见江上用网子捕鱼的人，还有一些巨大的筏子（其上有人家，还有饲养的猪和鹅）悠悠地沿江顺流而下。

从这里直到重庆的这一段旅途，非常危险，而风景也变幻莫测。风俗也多种多样，这段旅程真是赌上了性命，稍不注意就会把性命也赔进去。最后我们平安无事地到达了重庆。又可以再次通信。本稿搁笔之际，面对遥远的南中国的天空，唯愿各位社员身体健康，社运兴隆昌盛。

（在重庆日本领事馆）昨天，我们平安无事地到达了重庆。在领事馆受到了照顾，亦添了不少麻烦。在重庆盘桓数日，在各地进行了摄影工作后，终于决定前往四川省成都。特此发信通知。这兴许是最后一封通信也未可知。下次通信也可能要等到再次回到重庆的时候了。遥想着大连的天空，心中默默地乞求前往成都的这十日旅程能够平安无事。

（在成都日本领事馆）按照地图的指引，我们远道而来，根据预定的计划，花费了十天时间，在昨天到达了成都。依照惯例，首先便去叨扰领事馆。经过了 4 月 28 日大活事件讲演会的暴徒袭击后，领事馆的一楼已经被破坏殆尽。幸好领事馆馆员都平安无事，目前居住在残余的二楼上。现今，四川省的状况要比想象的危险得多。每日都有军队经过，也许在四五日之内就会发生战祸，市民们都非常不安。再加上此地地方远僻，电报不通。面对每日迫近的危险，处处都感到非常不安。我与其他两名馆员，再加上馆员们的家庭成员一共十人，如今处于四面楚歌之下，只得闭门坚守。

在这样的状态下，这里的摄影工作是暂时无法进行了。便决定在此等待，直至局势平稳下来。好不容易到达此地，如今只得先等

东宁，街头情绪，1928 年。

绥远省绥远县的抗日标语

广州街头，一队革命军士兵在行进中，1929 年。

一等了。一想到自己将不遗余力地在此开展摄影工作，并带回许多的土特产，心里便又高兴了起来，也有自信能让读者诸君满意。

而在从四川返回大连后，岛崎役治在回忆起这次摄影之旅时，字里行间仍流露出心有余悸的口气：

实际上这次摄影旅行没有特别苦的事，进入巴蜀之地后去成都的路上故障频出，归途又遇上富顺战争，还有泥泞的道路。在江边雇民船时，因为从庐州开始汽船全部停运，也遇到了很大困难。民船在途中屡次路过泛着巨大白沫和呜咽着的漩涡的险滩，好不容易才到达重庆。此次旅程真正的困苦之处在客栈中：在南京遇到臭虫、跳蚤、虱子的攻击，在欢县一夜打死了一百只虫子才能一觉睡到天亮。天气又不停下雨，在泥泞的道路中一日走十三四里，花费了五十余天才到达目的地。结果当地四五日前又爆发了四川军阀间的战争，领事馆都有流弹飞入。

此时庐州附近也开始交战，四五天之前，成都北边就有英国妇人惨遭中国人杀害。到重庆后，生病卧床一周……（在四川）外出一步都是不明智的，因为局势很危险，我们在客栈甚至不得不与猪混在一起共眠，因为此处的房子多数已被士兵占据，旅客不能奢望跟从前一样的待遇。这里日本人、外国人全都像猪一样可怜，只能吞眼泪。这是我遇到的困难，告诉各位。

值得关注的是，这一时期的大多数日本人，特别是知识界，基本对中国人民的反帝爱国运动缺少同情。他们一面将近代中国落后于列强的根本原因归结为“国民性”所致，一面却从社会进化论的角度出发，赋予日本及其他列强的侵略行径以合理性。例如与《亚细亚大观》关系密切的《亚东》杂志，1926 年第 4 辑就曾刊登了一篇署名为林君彦的日本学者写的题为《变态国家中国的一面》的文章，其字里行间都充满了这种大肆污蔑中国的论调。

首先，中国这个国家，是变态的。或者说，用我们以往常说的国家来称呼中国这件事情本身也是应该存疑的。这是在华盛顿会议上，某个外国人所发的奇问——对当时绝大多数的世人来说，这确实是个奇问——所引发的问题。这个外国人问道："原来中国是个国家啊。"

这绝不仅仅是个单纯的问题而已。在仔细考察过中国的实体后，会在这其中发现极为有趣的课题。

回溯历史，现在"中国"概念下的地区，在历史上，被称为天下。而国家只是这天下之中的一块地区，或是某一个诸侯的势力范围。其中，汉、隋、唐、宋、元、明、清各个朝代，都曾将其势力范围扩展至整个地区，进而形成一个统一国家。而将这样一种统一国家称为"国家"，是应该存有疑问的。到了清朝末年，中国开始逐渐接触世界各国。在与俄罗斯划定西伯利亚及伊犁地区，与法国划定安南地区的疆界线时，中国才对版图意识，这一国家形成的第一条件，稍稍有了一些了解。民国之后，迎来了五族共和，从人的角度来说，确立了中国的国家形成。而在地域上，则明确了西藏、蒙古、伊犁、新疆、满洲以及中国本土作为中国国家的所在。进而，中国才真正意识到了世界的存在，而国家则是世界的一员，中国则是众多一员中的一个。"天下"的意识，在此时才消亡。

如果说在民国之时，中国已经在形式上成为一个国家，那么在内容上，中国离一个真正的国家还差得很远。首先，国家在内容上重要的组成要素——政府，或者说主权者，并没有在中国出现。没有内容的国家，至少还是一个"未完成的国家"。因此，对于上述的疑问——"中国是国家吗"，我们在如今直截了当地回答"并非国家"，是有点过于苛刻了。最多我们可以说"这是一个准国家"，是比较恰当的。这绝不是笔者一个人的独断。看看被誉为现代中国国父的已故孙中山先生所提出的"建国方略"，便可以明了了。正因为没有国家，因此才会用"建国"两字。而当今被国民党奉为圭臬的建国阶段论中，则认为中国应该经由军政、训政、宪政的顺序来进行建设。也就是说，中国只有在进入宪政时代后，才算一个"建设完成的国家"。而现如今，中国不是还未处于"宪政"时代吗？

纪忠塔，江西南昌，1930 年。
照片中的建筑为国民革命军在占领南昌后修建的北伐军纪忠塔，原址在青云谱附近，今已不存。

自我感觉非常良好的中国，自己说出了“建国”两字，然而事实上这件事情却并未确定。

实际上，鼓吹建国的国民党自身也是一个问题。即使建国成功，除党员以外的大部分民众，依然会认为政府是国民党的政府，国家是国民党的国家，而非中国所有人的政府和国家。国外的评论者也怀疑国民党政府的存续在此能否维持两到三年。普遍认为，国民党政府的崩溃只是一个时间问题，而很多评论者们只是想看看这个政府究竟能维持到何时为止而已。

像这样一个未完成的国家，按理说，应该越来越贫弱混乱才对。然而中国却并没有因此畏缩不前，近来反而愈加气焰熊熊，这又是为何呢？笔者猜测，在这其中起作用的，难道不是一种变态的坚强吗？

笔者认为，这其中的心理依据，在于中国人“对于把握机会的先天敏感性”和“功名富贵欲”，在此，笔者想就这两方面来进行考察。

中国人有一种伟大的能力，就是把握机会，绝不让其溜走。这种能力与其说是先天，不如说是一种具有条件反射性质的敏锐的感受力。比起人生得意，成为强者之时，这种能力在失意和贫弱之时反倒异常强大。这种能力在其他民族中也不是没有，只是在中国这里尤为显著。

满族人在尚未接触欧美各国之前的时代，征服了怯弱的汉人。而随着中国开始逐渐接触欧美各国，整个国家便开始破落飘摇，从世界之中央这种自我感觉良好的状态，急转直下堕落成了独立国家中最下层的半殖民地国家。然而清帝的退位，却未必全是革命军的力量所致，而主要是借助袁世凯之力。他在这种衰败之中，利用革命军蜂拥而起这一契机，乘机夺取了政权，逼迫清帝退位。

俄罗斯苏维埃政府的既得权力放弃声明着实大快人心。然而在其获得了人心之后，又以迅雷不及掩耳之势乘人不备回收了东支铁道，这真是让人为之震惊。

欧洲第一次世界大战之后，心怀鬼胎的欧洲列国，在华盛顿会议上——该会议只为摘取日本的手足，除此之外毫无其他意义——不屑一顾地说着“怎么可能”。宣言中所要求的废除治外法权，恢复关税自主，也就是“取消不平等条约”这种作茧自缚的行为，难道不是一种变态的强硬吗？

从英美传播而来，由日本的威胁所引起的反帝宣传，在中国国内散布，并引起了诸如“打倒帝国主义”这样的回响。而广州和汉口即曾经屈服于英国的帝国主义之下。

虽说是时势所迫，然而如若中国人没有把握机会的伟大能力的话，他们是不能像现在这样气势汹汹的。

中国人的处事方针，受到传统的“功名富贵”所支配。尽管在现今，中国已经逐渐意识到自己是世界诸多国家中的一员，但是中国人依然没有普遍的国家观念。正因为没有这样的国家观念，中国才会出现今日这般的混乱局面。但是，这其中仍然能嗅出一丝变态的味道，这是一种不属于国家观念范畴内的自我感觉良好，是一种极度自大的自尊心。这种自尊心与任何合法或不合法的理论都毫无关系，而只是一味依托各种大义名分，表现为排外的倾向，这种不成文的规则，在整个中国都有流布。不论动机如何，这样一条铁则是适用无碍的：排外行为即爱国行为。

民国之后，特别是近些年来，这种倾向越发甚嚣尘上。

因此，政府的组织者对排外行为这一唯一的防身术颇有心得。如今这已经是普遍的共识了。一旦一个政府有反对排外的行为，就会立即被反对派抓住反对排外的口实，这一口实便会成为当权政府的致命伤。

本来，组织政府，掌握政权，在现今的中国，便是中国人追求功名富贵的处事方针的极致体现。要满足这一功名富贵的欲望，并且长此以往地维持这样的状态，排外政策亦是情理之中的事情了。换句话说，排外即是追求功名富贵的手段之一。这种牢牢植根于中国人心中的执着的功名富贵欲，从另一方面来说，又与国家观念是截然不同的。因此，在中国，也只有在中国，常常能看到这样的不可思议的变态现象：对内方面，对国家的改革和改良进行阻挠，而对外方面，则采取越来越强硬的排外政策。而导致其出现的真正原因，则是上文提到的功名富贵欲。

世界的列强如今在中国这种“变态的深度”面前，已经丧失了理论分析的能力，而今则纷纷拜服于中国。当然，与之没有任何利害关系的人，也不会对其进行徒劳无益的拜服。正如中国自己宣称并为之自豪的所谓“地大物博”一样，中国人对于这些列强来说是毫无价值的，他们只是在向中国的“地大物博”——经济——拜服。

如若要对“中国变态的深度”这一问题进行更深层次的探讨，笔者在此也是无能为力了。不过不管怎么说，这种深度，恐怕是有历史记载以来，便为中国所一直保有的不变之物。虽然有时这种深度也许会因对象的不同而有所消长，有时其形式亦会有所变化。即便如此，我依然认为，只要中国人还没有变成别的民族，那么这种“变态的深度”作为中国人的实质便会永存于中国人之中。

如今，中国正受到全世界的瞩目：共产主义在中国真的能成功吗？等到将来获得了胜利，把持了政权，这一切便成了当权者满足自身功名富贵欲的最便利手段。而不出意外的是，当权者是必然会对这些机会进行巧妙利用的。

1927年，日本田中义一内阁召开的“东方会议”，决定对中国推行“积极干预政策”，并制订了详尽的侵华战略方针，试图把中国东北、内蒙古从中国分离出去。此后，日本帝国主义加快了侵华步伐。次年，当国民革命军开始第二次北伐并攻入山东时，田中内阁立即打着保护本国侨民的旗号派兵在青岛登陆，进而在济南制造了镇压中国军民的惨案。惨案发生后，蛮横无理的日本政府居然要南京国民政府道歉、赔偿、惩凶，并于5月11日攻占济南。直至1929年3月，南京国民政府与日本政府签订《中日济案协定》之后，日军才退出济南。在这种紧张的局面下，岛崎役治前往山东进行拍摄，其动机和野心不言而喻。完成拍摄任务后，《亚细亚大观》配合本国政府的需要推出了山东系列专题，岛崎役治本人还亲自撰写了详细的考察报告，其中一篇题为《泰山行》的文章更充分暴露出他的侵华政治立场。

我军为保护我国的居留民而出兵山东，此事一出，日中外交即在很长一段时间内成为世间的视听焦点。交涉的程序引起了全世界的注目。因之，双方均作出让步，事件已接近圆满解决，军队也终于开始撤退了。当时，我的第一次从胶济铁路沿线出发至二十里外的旅行并未得到许可。我估计这次应该没有问题了，于是便把更大的期望放在了还未进行摄影的区域。于是再次于4月21日下午1时，乘大连号从大连出航了。

第二天（22日）早晨8点，我们便到达青岛。我首先直奔胶济铁路局的松永先生处，询问这次旅行的注意事项，并听取松永先生的相关建议，同时领受了胶济铁路线的全程便利乘车券。我对松永先生的好意表示了诚挚的感谢，之后便回到了旅馆。在火车上住了一夜，在第二天上午10点乘上从青岛出发的客车。

大连的杨树还未发芽，刺槐还是冬枯之时，这里已是绿叶成荫了。火车行进的铁路沿线，树木的嫩叶，颜色越来越浓。田野里，小麦青青。向窗外眺望，好像连续不断的动乱完全消失了一样，我

红军哨兵，江西，1930 年。

身为日本人的岛崎役治当时是如何进入中国共产党控制的区域，并如此近距离地拍摄下红军士兵站岗放哨的场景，至今依然是一个谜。

伪满洲国皇帝“即位”庆典演出中的高脚戏的演员们，1934 年。

“九一八事变”后，日本帝国主义扶植清朝末代皇帝溥仪组建“满洲国”伪政权，初名执政，1934 年 1 月改国号为“大满洲帝国”，溥仪登基为“满洲帝国”皇帝，年号“康德”，并在新京（今长春）南郊杏花村举行“登基”典礼。

的心里，不知为何跳动着愉快的期待。车内进来了乘警，说话言谈时那种单纯而泼辣的感觉，让我想起了从祖国出发时的情景。无论怎样的情况都好，在师团下达了行动的命令后，终于开始出发了。各个人的亲兄弟还有亲戚，来送行话别。有的士兵，离家甚远，连个话别的人也没有，真是一种难以为人所道的寂寞啊。之后，火车到了神户，兄长不辞劳苦专程前来港口为我送行，让人高兴得眼泪直流。骨肉之情深切，感激之情澎湃。两人像平日一样，畅快地交谈话别，几乎就要相拥。这位乘警说当时光想着一到中国之后，就会发动最后突击并战死船中。等到真到了中国之后，却让人感到大吃一惊。码头上的日章旗迎风飘扬，当地的日本人全员出动，在码头上欢呼万岁迎接我们。登陆之后，才发现街市非常气派，日本人也很多，简直同在日本时没有一点不同。啊，坦白说，真是完全不了解中国啊。

听着听着，不觉眼泪流了出来。仔细一想，日本人对中国还真是完全一无所知。每年，都会向这里增派百万人，粮饷问题也日益显得突出起来。然而即便是在今天，像这样对中国毫不关心、毫不了解的人，也绝不仅仅只有这位正直的乘警先生。这样想来，我这份扛着照相机，卖力地四处奔走，将中国的情况如实地拍摄下来的工作绝不是没有意义的。这么说绝不是想要王婆卖瓜，而是一种大气魄。正是为了解决这位乘警的这种意想不到的困扰。

我怀着这样的心情，在晚上10点到达济南。前往旅馆，只见岗哨林立，戒备森严。站岗的人说，上头的命令是不准日本人在夜间外出，如有急事必须外出，也需两人以上出行。即使是在白天的城里，也必须两人以上才能出行。当地的日本人，个个都生活得小心翼翼战战兢兢。我当晚还在想着是不是会听到枪声，结果因为白天太劳累了，于是什么也没察觉到，就睡着了。

次日是20号，天气晴朗。庭院中的树木，叶子已经茂盛到浓绿的程度。刺槐的白花开了，清爽的阳光从树与树之间照射下来，济南已是初夏时节了。

走上街，只见街头巷口都站着全副武装的日本士兵。自从发生了刺杀伊藤主计的暗杀事件后，军队就一直在这些地方进行查问，以便搜索犯人。这种戒备森严的光景让我更加不安，不过我还是先去造访了总领事馆的丸尾先生。他的夫人曾乘坐相反方向的火车与我擦肩而过，那是从大连出发之后的事了。在会见了藤村领事之后，蒙他介绍，还认识了满铁的三浦先生。承蒙三浦先生不弃，我们亲切地进行了交谈，内容涉及方方面面。他告诉我："无论如何，时局就是如此，看来泰安之行也因之困难重重，先等个四五天再说吧。"我对他表达了感谢，并请他今后多多关照，之后便告辞了，去访问马场先生的宅邸。

马场先生详尽地向我讲述了当下的情况。泰安之行也许确实很困难。不过所幸，他在联络处有熟人，于是决定伴我同去，并将之介绍给我。于是我们俩就一同前往联络处。

来到联络处，只见这里站着身着中山装的哨兵。我将名片递给他，士兵要我这里稍候片刻。

过不多久，我们就被带到了接待室。会见了联络处的处员李泽堉先生。一见之下，便知是一位温厚儒雅的绅士。李先生是日本高等师范出身，日语流利，和日本人没什么两样。我把随身携带的《亚细亚大观》给他看，向他说明了报社的相关事业，以及我的泰山、曲阜之行的具体事宜，并请求他为我介绍泰安政府的相关人员。"放心吧，不管怎么样，都会和蒋首席谈谈这件事的。"他回答我们说。对他的努力，我们怀着深深的期待，之后便离开了联络处。

我们又回到了马场先生的宅邸，正好遇到了冯先生的顾问丰田先生。丰田先生当晚要前往泰安政府，并对其所在地的一些情况进行调查。正聊着，联络处的蒋先生来了，带来了联络处的通知：因这次孙良诚领兵从泰安全军撤退，所以目前泰安城内没有任何士兵。现今泰安还很危险，虽然做了种种的努力，还是要终止旅行的计划。我虽然感到很遗憾，然而也没有任何办法可想。这种合情合理的拒绝，也让人没有什么牢骚好发。我再次回到旅馆，打点行李。上次旅行时，还没有去过济南郊外，于是便决定去丸尾先生家叨扰一番，以待时机，去济南郊外逛逛。在这期间，日本和中国军队的撤退比预期时间还要晚二十多天，而我只能每天都与马场先生和平井先生等人见面，商谈研究下次的旅行计划，聊以度日。

5月之后，与泰安政府的交涉总算有了进展。济南则有三千中国宪兵入城，更替了驻屯的日军，而这些日军则向商埠地进行迁移。山东政府还委派了陈调元先生作为首席进城。在这些安排之下，日军的撤退日期终于定下来了。

这样下来事情就处于我们的控制范围内了。等了又等的泰山之行的许可，终于在5月8号由藤村领事处下达。我手拿着写给泰安政府，并附有藤村领事的名片的介绍信，高兴得几乎要跳起来，从领事馆里飞奔而出。由于藤村领事与陈调元先生之间交情不浅，因此办起事来就顺利得多。在当天下午1点50分，我就迫不及待地前往泰安了。

火车到达泰安是在当天下午4点25分。脚夫将我的行李挑出了火车站，只见人力车夫像小蜘蛛一样纷至沓来，前来拉客。不仅如此，他们还拽抢我的行李。幸好巡警挥舞警棍驱赶他们，才制止了这场混乱。我乘坐人力车，来到了名为东升旅馆的气派建筑前。一下车，我先将行李寄存在旅馆处，便外出前往山东省政府招待所等六处官署。虽说是一条狭窄的道路，牌子上却写着财政厅街的名字，而且在白墙之上，还贴着写有“打倒帝国主义”“打倒日本帝国主义”“对日经济绝交”等文字的传单。正看着，旁边还有一个身着中山装的年轻男人，正在张贴五卅惨案大会的宣传传单。这就是国民政府治下的城市。进城后，佩戴着“保安卫队”袖标的士兵，在严密地进行监察。按规矩，我自然也得接受查问。也没太在意，就获准通过了。再向前行，只见狭窄的街道上，极其拥挤。因为有人告诉我，在泰安知县的岱庙里，一个叫民众旅馆的地方有政府的招待所，于是我便先乘人力车向庙内走。庙的左侧便是那间旅馆了，是一座涂白的、潇洒的建筑。通达了名片之后，我被引入一间深处的、新装修过的房间。招待所所长龙先生正巧有事外出，因此就由主任萧璠先生代为与我会面。“您不远千里，特地莅临此处，真是有失远迎，招待不周。不过，为了保障您的安全。还请您先去将行李取来，并在这间休息室安歇。”萧先生这番寒暄，礼数周到，令我诚惶诚恐。

恭敬不如从命，于是我急忙赶回了东升旅馆，取回了我的行李，再次回到了民众旅馆的山东政府招待所。在之前所定的那间房里放好行李。房间里张贴着一些三民主义的原则，还有“保持安静”“请勿吸烟喝酒”，以及从“革命尚未成功”到“国耻勿忘”等宣传传单。反复看了好几遍之后，所长回来了。之后，又是一番客气得令人诚惶诚恐的寒暄。第二天，来了一位名叫张龙的介绍人，将我的陪同向导，一位日本帝国大学的毕业生介绍给我。

因为是介绍人，所以他请我不必担心，有什么不自在的地方请尽管提出，态度比之前那两位还要加倍地亲切。我怀着疑神疑鬼的心情对他表达了我的感谢，就这样开始了交谈。

不一会儿就入夜了。侍者拿来了煤油灯，并辩称旅馆的电灯设备有所损坏。没等多久，晚饭也送来了。东西虽然不多，然而味道却还不错。没想到在泰安附近，还能吃到这样的食物。我一边享用着美食，一边接受着已经吃完了的政府委员们的劝酒。因为其他的人都没有喝，所以我也没怎么喝。吃完饭后，与各位先生约好了第二天的行程，之后就回去了。

走出庭院，只见老柏树苍翠茂密。古庙之内，还真是寂静啊，能听见林中有猫头鹰的鸣叫。我刚想躺下睡觉时，有人来访了。爬起床来，打开门，侍者告诉我说知事要见我。跟着侍者一同过来的，是一位肥胖而魁梧的人。他身着朴素的中山装，一副福德圆满的长相。一看他的名片，才知是保卫副长兼知事。一番寒暄之后，他告诉我，今夜还会有两位巡警巡逻值班。说完后，他就回去了。我送他出门，果然见到外面有佩带刀枪的巡警站着。“劳您费心啦。”我对他说，然后回到了房间，这一夜确实是名副其实的高枕无忧了。

9号早上5点左右，招待人员就过来了。今天会在岱庙召开民众大会，街市上值得一看的东西，具体的情况会变得稍微有点不好。因此，我们预定在这一天里前往泰山游览。乘上早已准备好的人力车，我们就一起出发了。还有一个人则已在岱山坊茶馆准备好等我们会合，于是我们的车就向那个方向驶去了。

特别值得注意的是，在各路情报人员的配合下，日本政府还对当时中国国内的政治形势进行密切的关注和分析。特别是对于国共两党的由合作走向破裂，日本更是不断调整其对华侵略政策。在“东方会议”上，日本陆军参谋部松井石根就反复强调应严加防范武汉、南京两政府合而为红色，主张支持以蒋介石、何应钦为首的“南京派”，继续排斥共产主义，认为这对巩固和扩大日本以“满蒙”为主的在华权益十分有利。一方面，日本军国主义极度敌视共产主义，同时又试图利用国共两党间的矛盾。1930 年底，国共两党内战逐步扩大，国民党政府将地方军队对红军的“会剿”改为以中央军为主的大规模军事“围剿”，而日本则从中嗅到了大规模侵略中国的最佳时机。1931 年，板垣征四郎、石原莞尔等军国主义分子在制定《武力解决满蒙问题方案》时就明确指出：目前中国内部“纷争不已”，军事斗争越来越激烈，因此“对满洲问题恐难做出强力反应”。受这类论调的鼓动，日本关东军终于悍然发动了“九一八事变”。

而在“九一八事变”后，日本又继续利用国民党内部的矛盾，试图通过分化政策来进一步扩大其势力范围。特别是 1936 年西安事变后，日本间谍秘密前往云南、广西等地，希望与地方军阀势力建立联系。据有关档案披露，1936 年 12 月到 1937 年 2 月间，日本《朝日新闻》资深记者神田正雄就曾以民间人士的身份前往南宁与李宗仁秘密会面，试图说服后者与日本“亲善”。但令他失望的是，尽管长期以来与南京方面存在矛盾，但李宗仁却明确表示：“有尊驾这样的人努力，将来两国或许能够去除不和，获得重新握手的机会。不过此时此刻，贵国的部分军人却在占据东北之外，又对华北和绥远实施侵略，其影响波及中国全国，这是要灭亡中国的行为。我们不能坐视亡国，故我民族决心团结一致，共同对敌……”而当神田表示希望在西南地区进一步“游览”并得到保护时，看穿了其野心的李宗仁则当即予以回绝，勒令其原路返回！

二、中国军情

从某种程度上讲，近代日本间谍在中国秘密进行的各种情报活动，其最终目的无非就是发动侵略战争。因此在岛崎役治等人拍摄的照片中，有相当一部分内容直接或间接都与军事情报有关。实际上早在“九一八事变”之前的很长时期内，作为表面上打着铁路公司旗号的“满铁”，不但私下里积极向《亚细亚大观》这类刊物提供资助，而且它的许多员工也长期与军方保持着密切合作。特别是“满铁”调查课和情报课等机构，曾多次参与了关东军在东北、华北等地的情报搜集活动。

据有关学者研究，从1926年4月至1929年4月，正是在“满铁”的协助和参与下，关东军对中国东北近50个地区进行了以探查军事情报为目的的所谓“参谋旅行”，最终为发动“九一八事变”做好了事前的准备。为了进一步加强合作，协调行动，“满铁”调查课还与关东军建立了互派联络员的制度。通过这种情报合作，日本军方详细地掌握了东北地区的地志、军备情况。就在事变前一个月的8月15日，中国一家报纸还曾这样揭露日本调查人员的活动：“最近‘满铁’挑选100名通晓华语与熟悉东北人情之社员及专家，乔装华人，秘密前往东北各县，调查矿脉、山岭、河流、人口、道路与资源及地理情况，以为经济侵略及军事占领做准备。”

毫无疑问，多年来一直处心积虑对中国发起武力进攻的日本，始终将情报工作视为军事行动的前导。而据一些知情者透露：“早在北洋军阀执政时代甚至更早，日寇就在我国境内布置了谍报网，着手培训大批精通中国普通话的男女青年，或以经商为名，在我国国内开设商店、洋行，或以搞慈善事业为掩护，设立医院，或通过亲日派分子介绍男女特务到我国某些社团服务。”历史材料表明，日军参谋本部对在中国活动的军事间谍曾有几项基本要求：（1）军事间谍应无论何时对于该侦察区内的中国军队之军力军械、分布及活动计划，加以最准确之注视，中国国内无论发生何种变化，军事间谍应即刻报告东京参谋本部及同在中国从事间谍行为之其他同仁；（2）军事间谍当深切认识中国各地方的特征条件，并随时注意铁路交通上最微细的变化，对于军械储藏所在及弹药库所在，尤应特别注意；（3）对于一切军营要塞，对于一切可能改为制造军械场所之工厂，军事间谍皆应力求认识与熟悉，并应计划如何临时控制该地区的电话电报之交通；（4）军事间谍当设法鼓动华人对于日本之信仰心，在可能情形之下，并应与中国之地方文武官员缔结私人间之交往，以便观察彼等个人之品性，以及彼等于其军事政治上之本国的敌人之意见，并侦察彼有无其他的秘密活动；（5）军事间谍对于其所侦察的城市之经济的情形及要事，殊有认识并了解之必要，对于矿业、银行、商务企业之有关于军事方面的条件，尤应特别注意。

在此背景下，除了在东北地区之外，日本间谍还很早就在西南、华中、华南地区进行着军事情报活动。1926 年 5 月，当岛崎役治来到地方军阀正处于交战中的四川进行考察时，就对那里的军情进行了详细观察，他在刊登于《亚细亚大观》上的《成都摄影行》一文中写道：

……陆陆续续出来上街或散步的人多是军队的士兵们。他们穿着鼠色的木棉绒衣服，脚上踏着草鞋，一副得意的样子。他们的脸上好像都藏着恶鬼，说不定在什么时候就会跳将出来。现今的成都确实已是他们的世界了。

所谓的寺院和名胜，以及其他类似的建筑物绝大部分都已成为军队的宿营地。草堂寺、孔子庙以及其他的地方都成了兵营。门前立着哨兵，并不是随随便便就能进去的。所幸，我通过交涉，还是一步一步进入了兵营。兵营里极其脏乱，士兵们都像小猪仔一样。之后需要用到的，随身携带而来的器具，无论是照相机还是水壶，都要拿在手上，这也使我颇为头痛。所到的院子也好，房间也好，

鸭绿江畔，中国一侧的防御哨所，1929 年。

东北，图宁铁路（图们至牡丹江）上的架桥工事，1933 年。

察哈尔省，民间所用的土炮，1929 年。

天津白河口的大沽炮台

广东省的武装民船，1929 年。

士兵们都在呼噜噜地睡觉。在铺敷的蒿草上，是包裹起来的破破烂烂的被子，里面已经成了虱子和臭虫的巢穴。

无知的苦力和乞丐们成为了士兵，手里都握有武器。这自然而然让人感到危险。虽然对士兵本身并没有达到惊恐的程度，但是洋枪却是令人害怕和担心的。子弹所到之处人命即殁，而他们则无节制地滥用这一切。这种危险的动物，在成都的寺院、名胜和公园乃至所到之处的类似建筑物中就地驻扎下来，一副唯我独尊、为所欲为的样子。他们缺乏燃料的时候，就砍下周围建筑物的木板和柱子拿去当柴烧。就这样，这些名胜、寺院和古迹就在不间断的战争和无知士兵们宿营之中荒芜了，现今看来已是废墟了。

…………

以前在四川旅行时，常为避日间之暑热而夜行，在夜间的道路上哼着歌赶路，在当时并不觉得有多么危险。而在今日，所到之处皆有匪患。其原因则在于，战争中溃败的士兵，最终都沦落为土匪。而因军队饷金不足所致的掠夺行为也时有发生。究其根本，则在于军队之成员皆为匆忙纠集之苦力、乞丐，即便有抢劫之事，也在意料之内。加之，地方上的土著居民，也偶尔会在劳动、耕作之余暇，从事土匪抢劫之事。而在土匪之中，亦有大量军队逃兵。不过，我们的旅行并未遇见这等匪徒。在一段长约三十里的、以土匪出没而著称的山路攀登摸索之时，也最终平安无事。土匪的出没之处是很快就能知道的，这些地方是中国的脚夫们绝对不会去的地方。即便是强迫他们去，只要有所注意，就能防患于未然。

例如长江中下游最重要的军事和政治中心南京，从民国初年开始就一直是日本特务机构刺探情报的中心。在北洋时期，为了谋求不可告人的利益，日本当局就曾不断与控制南京的冯国璋、李纯、齐燮元等地方军阀紧密联系，或者派遣顾问，或者利用一些打着经商旗号的侨民搜集情报，甚至趁机插手当地的军政活动。1937 年全面抗战爆发前夕，日本特务机关曾派出多路经过化装的间谍，前往津浦铁路沿线刺探中国军情。

在华南，日本自“九一八事变”爆发后就一直秘密搜集福建、广东等省的军事情报。为了达到这一目的，他们往往以台湾作为基地，然后打着经济考察的旗号派出间谍分赴厦门、汕头、香港、广州和海南岛各处刺探军情，实际则为其密谋的南进计划做准备。而在这一过程中，摄影技术往往是日本间谍所惯用的手段之一。例如日本在汕头秘密设立的间谍训练班，其训练课目除了军事侦察、通讯、化装、电报等之外，照相术就赫然在列。而为了侦察中国南海的军事情报，日本间谍还打着拍摄风景的幌子开展活动。另据记载，日本间谍甚至将触角伸向了香港附近的军事要塞。为了获取情报，他们甚至将摄影机绑在钓鱼竿上秘密拍摄。而就在卢沟桥事变爆发前的 1937 年 7 月 6 日，居然仍有化装成游客的日本间谍拿着摄影机在广东虎门炮台拍摄，结果被当地政府查获。

总之，经过数十年的刻意经营，到 1937 年发动全面侵华战争之前，日本间谍网络已搜集到非常详尽的中国军事情报，基本上准确地掌握了中国军队的兵力部署和武器装备情况。正是依靠包括岛崎役治这类“业余”间谍在内的情报人员的多年努力，日本对于中国的军情，包括防御工事、碉堡炮楼、兵营位置，甚至阵地地形、道路状况、驻防部队名称、武器配备等几乎都了如指掌！因此在中日全面开战之后，中国军队在战场上的失利也就不难理解了。

至于在开战后，日本的情报网络更是全速开动、全员行动，及时将在中国搜集到的军事情报汇总起来，甚至就连驻华外交人员都明目张胆地紧急行动起来。例如在 1937 年 10 月 27 日，日本驻沪总领事冈本就秘密致函外务大臣广田弘毅，详细汇报中国军队的备战情况，并特别强调“考虑到谍报员的立场，请对情报来源尽量保密”：

一、上海、南京间往返均利用汽车，一般都途经上海、青浦、昆山、苏州、无锡、宜兴、句容、南京，另外也可利用绕经杭州的通路。公路上往来卡车很多，路面破坏严重，且无暇修缮（青浦、无锡间尤甚），汽车很难运转；路旁放置的颠覆和破坏的汽车数十台以上。汽车多在夜间通行，白天较少，军用卡车很少通行。关于上

威海卫刘公岛，1930年。照片原说明称，刘公岛昔日为英国租界，1930年归还中国，这里曾是清朝北洋舰队的基地，现在则驻扎着张学良的海军。

兴安北省，与蒙古国交界的国境瞭望台，1936年。

滨江省，中苏边境，远处是苏军边防哨所，1935年。

山海关，中国士兵。

述情况系在军事委员会任职的某中国人所讲。最近上海、南京间的军事运输，为躲避飞机的轰炸，大多利用水路，只有不重要的军用物资用卡车运输。目前，上海北新泾到苏州间的水路，可以看到许多难民利用水路逃难，沿公路却看不到难民，仅在宜兴附近看到数十名难民在沿途坐卧。

二、苏州、无锡等城市似有许多军队在调动，但其所属极为复杂，听士兵的口音，好像混杂有广东、广西、贵州、湖南等各地的军队。但在来往道路上却全然看不到行军的军队。各要地（城市、村庄入口和桥梁等）的警备人员，除宪兵外均着便装，乍看觉察不出是军队。

“南满”金福铁路沿线，中朝边境的夹心子驿。

中朝国境线，图们江，1928年。

长白山上的国境碑。

敦图线（敦化至图们）上的灰幕洞工事，日本军队驻守。

辽宁营盘，中国军队的粮站重地，1930 年。

齐齐哈尔车站的日本军人，1932 年。

三、对沿途行人，宪兵检查非常严格，如无相当证件，不准通行，外国人的汽车也常常是逐一检查，而句容县天王寺的检查最为严格，对经过地点逐一用电话核实。我就在此处耗费约两小时。

四、与平时一样，沿途农民从事农耕，目前是收稻大忙时期，一般说是个大丰收。据农民讲，农闲时接受壮丁训练和种种抗日宣传。因此附近农民抗日意识很强，特别因飞机不断轰炸，抗日宣传效果很好。

五、南京市内公务员和军人眷属均已避难，人口剧减。据警察厅调查，现有人口 53 万余，都是各机关公务员、财产无法转移者和当地商民等需要在南京坚持到底的人。一般人心尚属平静。

六、市内商店大多关闭，太平路一带开业者不过四分之一，较大饭店全部歇业。物资方面，洋货、杂货品种缺乏，棉布、丝织品、毛织品等欠缺，价格为事变前的一倍，卷烟也一样，米价每担 10 元（上等米）到 8 元（中等米）左右。其他土产品等未感不便。公共汽车，仅有下关、夫子庙线开通。船只的出入，因难民的往来，显得很乱。

七、同往常一样，市内由宪兵、警察、武装保安队警备，重要地区警备极严，绝对禁止出入。为对付空袭，要员住宅、旅馆等均设有地下室，其他街道旁也设有一般地下室（构造很简单，多为木板所盖，上面敷土）总共有一百几十个，大的可容纳十几人，小的能容三四人。另外，也有的利用空地或山冈修造规模稍大些的，如挹江门内海军部旁边所建防空壕就足以容纳几十人，设备亦颇完善。空袭时，30 分钟前发出警报，10 分钟前发出紧急警报，路上行人全都进入地下室避难，车马停在一定地点，街上全无人影。由于宪兵警察和防护团员的周全指挥，以及市民有秩序的行动，避难是在极其良好的秩序下进行的。我在南京逗留期间亦曾数次在路旁地下室避难，一般市民已习惯空袭，面无惧色，态度冷静。

八、市内各处涂刷很多抗日标语，多数都是“打倒日本帝国主义”“团结一致抗日”“坚持长期抗战，争取最后胜利”等词句。第一公园设有战利品展览场，陈列着日本飞机坠机碎片等。要想摄影，不论中外人士均须官宪许可，否则不许拍照。茶馆、旅馆等处，告示禁止谈论军事。市内对所谓汉奸严加监督取缔，市民抗日意识很强。

九、政府机关均留有少数下级职员，高级职员在别处秘密办公，职员裁减很多，局课合并，目前执行工作者多系气盛的年轻人。事务紧张，义务工作，宴会全都停止。公务员像军人那样紧张，犹如北伐时期。

十、市内各部队驻京办事处林立，第八路军也设有办事处。叶剑英（共军参谋长）为主任。

十一、市内壮丁均受训练，从事各种任务，其他一般市民，分别按当局命令，分担各种工作，对少数不服从命令者以汉奸论处，予以严惩。

十二、综合政府内部中国人的谈话，在南京政府，蒋介石仍处于领导地位，李宗仁、白崇禧，其他地方军阀及共产党的人物等被网罗成立了军事最高机关（国防委员会的工作）。各地军队还都服从蒋的命令，但这都不过是战时的暂时结合。另外，在政治、军事方面，据称周恩来、叶剑英的势力也相当大。

十三、南京上游的轮船，由于英国船和中国船同时航行，数量很多。飞机也在南京、汉口间飞行。京沪线原来的每天一次快车和南京、苏州间的普通列车，因轰炸而时常停运；津浦线浦口、济南间，每天虽有一次快车，但因军事运输和空袭，完全不能正点运行。

十四、截至目前，空袭造成的损失，最严重的是军用机场，其他建筑物受损较少。从外面来看，中央党部背面的部分建筑物破坏，故宫飞机场机库破坏三分之一；电灯公司破坏一部分（城北一带居民尚无电灯），中央广播局破坏；中央大学的一部分和女生宿舍破坏；监察院部分建筑破坏；金陵兵工厂一部分破坏（之后该工厂迁移他处）；盐务署全部破坏；津浦铁路码头全部破坏；等等。国民政府参谋本部、军官学校等内部损坏情况不清，外观上似乎多少受些损害。

从这份密函的内容不难看出，为了获取中国的军事情报，日本驻华外交官甚至不惜冒着生命危险，化装成中国平民混入南京城内刺探消息。

三、暗访东北义勇军

起来！不愿做奴隶的人们！
把我们的血肉筑成我们新的长城！
中华民族到了最危险的时候，
每个人被迫着发出最后的吼声。
起来！起来！起来！
我们万众一心，
冒着敌人的炮火，前进！

在抗日战争期间，这首后来被定为中华人民共和国国歌的《义勇军进行曲》传遍了大江南北，极大地鼓舞了中华民族抗击日本侵略者的斗志。而这首歌曲诞生的背景，正是在“九一八事变”后东北义勇军的抗日斗争。

1931 年“九一八事变”爆发后，由于当时的国民党政府采取了不抵抗政策，致使日本侵略者很快就占领了东北三省。尽管国民党正规军队不战而退，但东北各界民众仍自发奋起对侵略者进行抵抗，其中影响最大的便是义勇军。然而由于当时条件的局限，内地民众对于东北义勇军具体的信息并不十分了解。翻阅当时的报刊，只有少数新闻记者勇敢地奔赴东北前线进行采访，从而将有限的文字和图片报道传递到后方。例如在 1931 年 12 月，著名摄影记者王小亭（1900—1981）就曾凭借过人的胆识前往辽宁锦州前线进行战地采访，并拍摄了部分反映东北义勇军作战的照片。这些照片于 12 月 20 日刊登在《申报图画周刊》上，编者按说：“日本进占东北，贪心未厌，欲迫中国军队完全退入山海关，以致锦州地位非常严重。本报特派摄影新闻部主任王小亭氏乘飞机北上，赶赴前线摄影，国人得以目睹锦州真相。兹以寄到第一批，择要披露如下。”这组“锦州前线”专题的照片共有 8 张，内容分别为：“大虎山东新民屯西之我军第一道防线”；“大虎山顶我军在战壕内瞭望及严重戒备之情形”；“大虎山前往来巡视之中山号铁甲车及其全体兵士。上月廿七日日军曾以之为攻击目标，但死上校一名，兵士廿七名，毁铁甲车一辆，后又以飞机九架掷弹，终未得手。亦可想见其剧战之情况矣”；“锦州前线总指挥荣臻氏”；“锦州前线兵士争看《申报图画周刊》上马占山将军之小影。马氏防守国土勇猛非常，名震寰宇，激励锦州前线将士效死疆场矣”；“锦州城之鸟瞰与其古塔之崇高”；“法使馆人员至锦州视察，与我方接待人员在锦县车站合影”；“申报摄影部主任王小亭氏在战壕中与前线兵士共同生活之一斑”。然而在此后相当长的时期内，国内报刊上几乎就很难再见到有关东北义勇军的报道了，从而使得内地民众对于这些英雄们的认识非常模糊。令人惊诧的是，就在 1932 年，与《亚细亚大观》有密切联系的《亚东印画辑》（第 92 回）居然刊登了一组 20 张反映辽西地区义勇军战斗生活的照片！我们至今都在困惑，在当时那样的局势下，日本间谍摄影师究竟采取了什么手段得以混入义勇军内部，取得信任并近距离对他们进行拍摄？

当时在日本人眼中，这些顽强抵抗并给他们带来沉重打击的辽西义勇军自然属于“匪贼”。因此，拍摄这些照片的日本间谍在文字说明中竭力丑化他们，但照片本身却客观真实地反映了辽西抗日义勇军当时的军旅生活，内容包括营地、哨兵站岗、号手鸣号、队伍集结、不眠之夜、开饭时间、午夜敌情、夜间突袭、审问奸细及手持红缨枪的战士等内容。值得一提的是，这组照片后来曾被中国多家报刊，如著名的《良友画报》《申报月刊》《东方杂志》等转载，作为宣传东北义勇军的重要资料，以至于国人竟忽略了它们的原始出处。

早在 1931 年 10 月下旬，在爱国人士王显庭的号召下，辽宁西部黑山县抵抗力量就组建了“辽西抗日救国义勇军第 1 路军”，这也

1932 年第 68 期《良友画报》刊登的反映东北义勇军抗日活动的一组照片，《申报月刊》《东方杂志》等刊物同一时期均有转载。鲜为人知的是，这组照片的原始出处为《亚东印画辑》里的一个专辑。

左：深夜偷襲敵人陣地

Night attack

上：義軍伏雪中之射擊

A volunteer soldier

上：在高粱穀中隱伏狙擊

In ambush

Captured spies of the fake goverment

左：義軍所捕獲之偽國奸細

下：作戰之策略，一人隱樹下。另一人伏地上，聲東擊西，使敵迷惑。

Stratagicaly fighting behind trees

Volunteer cavalry men

下：義軍之馬隊，浩浩蕩蕩，慷慨激昂

辽西地方，东北义勇军的夜袭行动，1932 年。

东北义勇军的一次夜半集结，1932 年。

夕阳下的东北义勇军侦察队，1932 年。

东北义勇军的武装
首领，1932 年。

地方自卫武装的
红枪队，1932 年。

东北义勇军的战士
们在用餐，1932 年。

敦化附近，东北义勇军驻扎的村落，1932 年。

堑壕里的东北义勇军战士，1932 年。

东北义勇军的一名狙击手，1932 年。

一户农舍，东北义勇军的
临时驻地，1932 年。

东北义勇军的一次
袭击行动，1932 年。

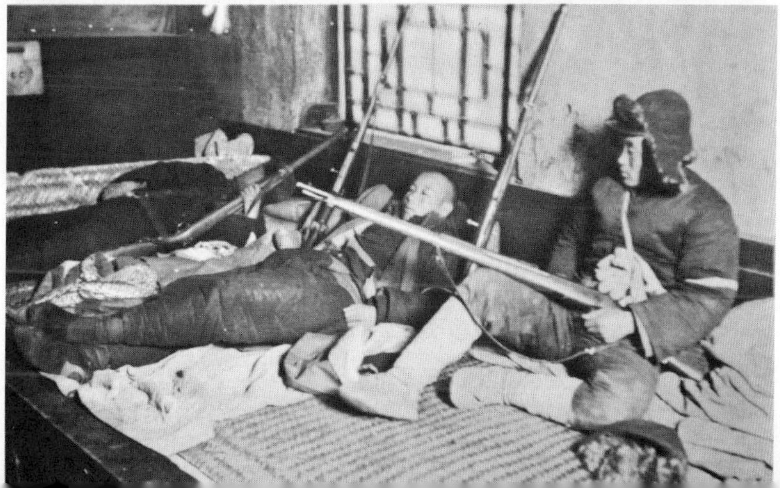

东北义勇军，作
战间隙，1932 年。

吹响集结号的东北义勇军号兵，1932 年。

东北义勇军，队伍开拔，1932 年。

东北义勇军，抓获
敌特，1932 年。

东北义勇军某部
驻地，1932 年。

驻扎在营地的东
北义勇军官兵们，
1932 年。

是东北第一支义勇军。此后，辽西地区先后涌现出耿继周部等 10 余路义勇军。辽西义勇军成立后，即协同东北军进行辽西抗战，保卫锦州，一度给日军以沉重打击。1932 年 1 月 3 日，由于东北军撤往关内，锦州失守。锦州失守后，义勇军又同日军的清剿部队展开激战，其间曾取得歼灭日军古贺骑兵联队部并击毙联队长古贺中佐的重要战绩。由于敌我实力相差悬殊，各路辽西义勇军部队主力相继遭到失败，而他们零星的抵抗则一直坚持到 1938 年。7 年多的抗日斗争中，辽西义勇军最多时有近 10 万人，在历次战役战斗中，有大批将士先后为国捐躯。

无须讳言，在民族危亡的紧急关头，这些抗日义勇军的兴起具有明显的自发性。而在各路义勇军队伍中，有相当一部分人出身绿林。据统计，当时由土匪转而举旗抗日者约占义勇军总数的 20% 以上。由于这一原因，大多数义勇军的武器装备都比较原始，甚至还有鸟枪、大刀、长矛等。尽管如此，他们仍勇敢地同拥有飞机、大炮、坦克的日军作战，最终打破了日军迅速占领东北的计划，从而在抗日战争史中写下了光辉的篇章。有资料显示，仅 1932 年前三个月，辽西义勇军就击毙日军联队长以下军官 19 名、士兵 2000 余人，缴获大批武器，击落飞机 3 架。当年面对辽西地区义勇军风起云涌的迅猛发展，日本关东军曾在 1931 年 12 月公开声明："辽西一带已成为残忍凶暴的义勇军、别动队、正规军、公安队和纯马贼等 10 万余武装集团盘踞地带，其势逐渐东进。有鉴及此，关东军不得不着手剿灭辽西一带之匪贼……"

第四章

资源物产

众所周知，日本是一个人多地狭、资源贫乏的岛国。自近代以来，为了谋求本国的向外发展，日本便把目光转向地大物博的近邻中国。特别是通过甲午战争和日俄战争，这个原本偏居一隅的蕞尔小国，由于在很短时间内用武力获得了巨大的土地和财富，因此一跃成为亚洲强国。而在尝到了甜头之后，日本对外侵略扩张的欲望更加强烈。于是，为了进一步拓展“生存空间”，日本军国主义分子又开始谋划更大规模的侵华战争。由于这种侵略计划从一开始就带有鲜明的经济掠夺意图，因此在战争爆发之前，日本便派出无数情报人员潜赴中国各地搜集经济资料。这种所谓的经济调查有两个最直接的后果：一是为侵略战争的发动及进行提供情报，二是在国内营造侵略舆论。而后来的事实也证明，这些日本情报人员很好地完成了他们的任务。

一、经济调查

关于日本人对中国经济情报的搜集，“满铁”调查部无疑扮演了急先锋的角色。1906 年，当“满铁”刚刚成立时，首任总裁后藤新平就提出，对于中国这样一个以农业为主的大国，一定要掌握和了解其农村的现状，这样才能为决策者们提供最佳的方案依据。次年他便下令成立了“满铁”调查部，并立即对中国东北地区农村的现状进行经济调查。1908 年，“满铁”又从日本国内调来了一批农林专家，开始有重点地对当地的农业资源、生产状况、农村人口等进行大规模的实地调查。据统计，仅 1912 年至 1925 年，“满铁”对中国东北农村所得出的各项调查报告就有五十余种，而这些经济情报无疑刺激了日本政府的侵略野心，更提供了发动侵略的所谓“依据”，正如《中国抗战画史》一书中所指出的：

日俄战后，日人根据《朴次茅斯条约》继承俄人在满洲之既得权利，并劫持中国，强以承认，反客为主，予取予求，积极经营满洲，已如上述。他们向世界各国声言：“满洲因与日本国土紧相毗连，凡关于日本经济生活及民族安全之范围内，日本有生死关头的利害关系焉。”“日本之和平与战争问题，不在日本本身解决，亦不在太平洋上解决，只在满洲解决。”日本正着手在“满洲求‘生命之源泉’与民族之安全。因日本所有各种困难中，有两种非常严重：缺乏食料与缺乏根本的原料。而满洲则似为求解决此问题最适宜之地”。在召集华盛顿会议前数年，日本力求各国，尤其英美以及中国，承认其在满洲所造成之“利益范围”如1907年至1916年间日俄各条约，至1917年日本在《蓝辛石井协定》中，又得美国国务卿之承认：“接壤国家有特殊之关系，因之，美国政府承认日本在华有特殊利益，尤以与日本领地毗连之部分为然。”“特殊利益”一语，一直掩护着他们的侵略行动。

到“九一八事变”前夕，日本人对中国的经济调查变本加厉，为了满足需要，“满铁”又于1927年7月专门成立了直属于总裁的“临时经济调查委员会”，这是一个分工明确的庞大机构。“九一八事变”后，随着将整个东北地区控制在手，日本侵略者又开始向关内实行全面经济渗透。1933年11月，“满铁”制定了《设置华北经济工作调查机关要项》，其中提出：“立足于日、满、华的经济协调，主要为了求得华北的经济工作的进展，要对华北及长江流域的资源、矿山、工业、交通、一般经济及利权进行调查，并收集情报和资料”，企图在华北以至华中、华南普遍设立“经济调查会”分支机构，从而对中国关内经济状况实行全面调查。例如在山东，早在一战爆发后非法占领青岛之后，日本就曾组织人员在山东进行了深入

新立屯，城堡
式的武装当铺，
1929 年。

日本占领时
期的关东州，
“羊毛干燥”，
1937 年。

吉林，木材税关，
1933 年。

云南大理，税金征
收，1926 年。

广东，水上行
商，1929 年。

江西景德镇，烧窑，
1929 年。

珲春，“烧锅屋”，
1935 年。

北京，煤球儿制作，1929年。

海拉尔，“毛皮晒干”，1934年。

灰幕洞（吉林图们旧称），征税点，1932年。

的经济调查。1922 年华盛顿会议后，虽然中国根据条约收回了青岛及胶济铁路等权益，但日本仍无耻地不断向山东进行经济渗透，企图使之成为其对华北经济扩张的中心地区。而事实上到 1931 年时，日本在山东的投资经营活动的确已深入到国民经济的重要领域，如贸易、商业、金融、交通、轻纺、农畜产品加工、采矿等。1934 年 5 月，“满铁”对包括山东在内的华北地区各种资源、交通、一般经济、利权等进行诸项调查和对策起草工作。

全面抗战爆发前夕，为了阴谋达到分离华北的目的，日本军方同“满铁”等机构，于 1935 年派出一支多达 115 名人员的经济调查队，后来规模一度扩大到 380 人。这支调查队分道潜赴山东、河北、山西、河南、绥远、察哈尔等省份进行综合性调查，其活动一直持续到了 1937 年 3 月。在综合了大量的调查资料后，日本军方编制了一份《华北资源要览》，其中详细罗列了日本要在中国华北掠夺的资源名单：

一、观察现在展望未来，华北有许多确实可靠而且蕴藏量很大的资源。除劳动力以外，主要是煤炭，其次是盐、石灰石、白钨矿、萤石、铝矾土、页岩以及棉花、羊毛、皮革等。铁的资源现在虽不能抱有很大希望，但未经调查的部分很多，食物资源的自给亦无太大困难。森林资源现在比较缺少，但可与水利事业同时发展。

二、煤炭，无论在质量和数量上不仅是东亚共荣圈的唯一最大的供应基地，而且可作为集中于渤海沿岸的炼铁用煤，结合利用南方各地、华北、满洲的铁矿石，在这里可以设置重工业基地。另外，煤炭加工工业或利用煤炭的工业，如煤炭的液化及化肥工业等有很大的发展前途。

三、盐是仅次于煤炭的重要资源。开发包括满洲及渤海沿岸、青岛、海州一带的盐田，足以建立制碱工业的基础。这对于振兴以制碱工业为中心的化学工业具有特别重要的意义。

四、如果同时利用丰富的煤炭发电和水力发电，完全可能以华北资源来发展轻金属工业、化学工业和窑业。

齐齐哈尔，马具屋，1928 年。

北平，风味火锅餐馆，1929 年。

去往成都的途中，客栈，1926 年。

五、棉花、麻、羊毛、羊皮等衣着原料，通过增产和原料供应地区的扩大，为了日满华的自给自足，使华北成为原料供应基地，是不困难的。

六、农产品原料和衣着原料之间，虽然有互相争地的关系，但是通过扩大耕地面积，改进农业技术和施肥等措施，也不难达到华北地区自给自足的目的。另外还可以从南方各地以及满洲、华中等地得到粮食供应。

七、黄海、渤海湾沿岸，用作渔场极有前途，可以预期将来的渔业会有很大发展。

八、利用丰富的燃料、动力资源以及廉价劳动力，开发基础原料部门和发展以消费资料为中心的轻工业是有希望的。

九、彻底贯彻执行黄河以及五大水系的治水和水利计划，除可直接培育养护森林资源外，对农业可以防止水患，便利灌溉，对工矿业则可提供廉价丰富的动力资源，并可期待航运的发展。

对于经济较为发达的中国南方省份，日本间谍更是投入了大量精力，调查那里的经济和资源状况。例如1928年《亚细亚大观》上刊登的《福建省概说》一文，就主要从经济角度进行了介绍：

福建人大多在海上从事渔业生产，更有船员成为海外殖民地的华侨。中国海军将校大部分都是本省人，可见自然环境的影响。此地多山，耕地较少，食物不足，有赖他省供给。特别是与我台湾关系密切，休戚相关。我国对此省要特别注意，以上都是最有必要研究的……福州人勇悍强健，且富有冒险精神，所以出良好的渔夫和船员，最适合殖民。物产方面矿产很多，建宁、延平、邵武、汀州、福宁诸地主产金、银、铜、铅、铁、煤炭等，其他有水晶、明矾、无烟煤、绿玉等，农作物有不太丰富的米、麦、甘蔗、生姜等，并有很多的其他的木材，竹类、水果产出颇为丰富。竹材制纸，水果中柑橘最多，海岸渔获丰富。

福州，饲养家鸭，1929 年。

绍兴，酿酒，1930 年。

关东州，高粱酒，1936 年。

山东，风旗子，1931 年。

北京，豆腐脑摊点，1932 年。

北平，蜜饯制作，1929 年。

关东州，毛织加工，1936 年。

“北满”，当铺仓库内的货架，1934 年。

时隔十年后，当日本帝国主义已经开始发动全面侵华战争时，《亚细亚大观》上的考察报道依然充斥着大量类似的内容，例如 1937 年刊登的《湖南省概说》就提到：

湖南省内地势以山地为主，平原较少，在山地间开发的农业发达，物产丰富，有米、棉花等产额甚多，也因为山地的原因，森林资源丰富，有杉、桧等良材。此外，湖南茶、麻也是本省特产，产量又大质量又好。铁、煤炭等诸矿业最近也开发出来。西南地区也是有名的漆的产地。本省的地势得天独厚，四面山地，北部洞庭湖很大，四面的河流向湖中汇集，交通、灌溉两方面都很便利。丰富的物资可以向扬子江流域运送。风光山水明媚之境堪称中国第一。

多年以后，当我们审视日本人当年所秘密搜集的这类经济情报时，是否仍会感到毛骨悚然？

更可怕的是，为了最大限度鼓动国内舆论，动员国民的战争狂热，日本当局干脆直截了当地采用利益诱惑的方式来达到目的。实际上自明治维新以来，日本政府就一直以中国资源丰富、地大物博诱惑民众，引导日本民众形成为利益而战的舆论氛围，并在“九一八事变”前夕达到顶峰。例如侵华战争的急先锋田中义一，就曾在《对满蒙之积极政策》中露骨地说：“满蒙广袤七万四千方里，人口两千八百万人，较我日本国土大逾三倍。其人口只有我国三分之一。不唯地广人稀，令人羡慕。农矿森林等物之丰，当世无其匹敌。我国欲开拓其富源，以培养帝国恒久之荣华。”之后，为了向国民持续灌输，日本甚至公然将这种思想和言论写入教材。例如 1932 年日本一部地理参考书中就宣称：“满洲地广而肥，有大平野，有大森林，矿产又富，是将来工业绝好的经营地，作为日本的殖民地再好没有了。”而一些儿童教材中也写道：“凡日本所没有的东西，满洲都有。满洲并入日本是天然的配剂，先天的命运，不得不并吞满洲。”由此可见，为了从经济角度刺激国民的战争狂热，日本政府甚至不惜从娃娃抓起！

二、矿产

在岛崎役治等人拍摄的照片中，有很大一部分内容是关于中国各地矿产资源的。试想，如果仅仅是一名纯粹的旅游观光客，为何会将镜头对准那些冒着黑烟的烟囱和毫无美感的矿山？显而易见，这些背负特殊使命的摄影师之所以不惜浪费胶片拍摄此类内容，其目的无非就是刺探情报以为日本政府服务。

日本不仅国土狭小，而且几乎没有什么矿产资源，这对于一个谋求实现工业强国目标的民族而言无疑是一大致命的枷锁。于是在明治维新后，为了就近获取资源，日本便把魔爪伸向了中国，而这一动机也成为其发动侵华战争的主要原因之一。从甲午战争开始，一批又一批日本情报人员受政府指派或委托潜赴中国，打着科学考察的名义调查资源，足迹遍布大半个中国。现有资料证实，日本对中国的资源探查几乎成为举国行动，其持续时间之长、参与机构和人员之多、探查范围之广泛，令人震惊。在长达半个世纪的时间里，日本有计划地、不间断地对中国各类矿产资源及地质地貌做了充分、深入的调查和测量，并制作出数以万计的地图图件。鲜为人知的是，日本人当年还曾在大庆附近地区寻找石油，只是由于钻探方法不当而没有成功，他们甚至曾在海城找到铀矿，只不过最终没有制造出核武器！对于中国人而言，这或许算是幸运，但无可否认它也是民族的耻辱！

日本对中国矿产资源的调查和掠夺，基本上是紧跟其军事侵略步伐的，首先就是从东北入手。《中国抗战画史》在对二战的总结中指出："满洲的主要矿产是煤、铁、白云石和菱铁矿、铝母页岩、油母页岩、建筑和化学原料、金和少量的银、铜、铅、锌、钨和其他

“满铁”经营的抚顺煤矿，露天挖掘。

兴安北省，扎赉诺尔煤矿，1935 年。

热河省赤峰，西元宝山煤矿，1934 年。

兴安北省，察罕诺尔煤矿，1934年。

大孤山铁矿区，“满铁”鞍山制铁所的矿石供应地。

山东淄川煤矿，1929年。

较不重要金属。现代工业最基本的两种矿产——煤和铁——都有巨量的蕴藏。日军侵占满洲以后，曾对地质作广泛调查，确知满洲蕴藏着发展重工业所需的主要矿产。满洲的地下存煤，在沦陷以前，中央地质研究所估计为 300000 万吨，李顿调查团又加以研究，估计为 400000 万吨，经日人广泛勘测后，估计为 900000 万吨，较之日、比二国的煤床来得更厚。在横越的南满发现铁矿，中央地质调查所估计藏有矿砂 750 万吨。日人于原来矿区发现了更多上级矿砂，于公主岭一带估计蕴藏有上级矿砂 2400 万吨。由于新发现的矿砂与新式炼制法，满洲成为世界钢铁生产中心之一。”

全面抗战爆发后，日本侵略者又开始在华北、华中地区调查和掠夺矿产资源。据不完全统计，抗日战争期间，日本在华北掠夺煤炭 12000 万吨，铁矿石 450 万吨，铝矾土 3000 万吨，钨、锰、金矿 2367 万吨。而实际掠夺和造成的损失，要远远超出这一统计数据。日军在占领华中地区之后，为推行其“以战养战”的政策，曾出笼了所谓《关于华中国防资源开发的意见》。这份拟定于 1940 年的文件公然宣称：“此次圣战源于我国建国精神，目的是建立确保东亚永远安定的新秩序。日满中三国提携，谋求树立国际正义、达成共同防共、创造新文化、实现经济结合，这是我国所确立的不变的方针。新国民政府即将成立，上述的大方针今后将通过各种事业的实施来实现。也将依据我国与国民政府间的协定，逐渐使其具体化。从国防及经济方面来看，最重要的是华中所存的国防矿产品资源的开发。”文件中，他们罗列了华中盛产的铁矿、萤石、钨、锑、锡、锰、煤炭等资源，表示将竭尽全力调查该地区的资源情况，最后竟如此无耻地粉饰自己的行为：

从我国的角度来说，中国矿产资源的开发可得到本国缺乏的国防资源。从国民政府的角度来说，利用我国的资金及技术，合理使用资源，促进生产，并且充实我国国防，以达到共同防卫的目的。依靠日中提携的国防资源开发是所谓共同防共、经济一体精神最恰当的体现。我国仅开发蒙疆华北的矿产资料是不能满足的。华中是向我国供应铁矿及焦炭用煤炭最短距离的供应地，也是世界上军器制造必需物资锑、钨、萤石的最大产地。

这一巨大资源的开发除立足于日满中同盟的计划经济目标之外，还应立足于日中经济提携、日中共存共荣的立场，为此，必须确定国民政府与我国合作开发资源这一根本方针。总之，中国拥有天然富有的矿产资源，但却看不到大规模现代化矿山的开发，这一切均是缘于军阀割据、内战不绝、追求名利者日益猖獗、外国人的排挤、资金及技术的不足，中国人没有能力经营由现代化的公司组织的大企业。实不能把矿业开发的重任委与中国人。否则，矿业资源开发的快速发展将属无望。毋庸置疑，应响应我国提倡的日满中合作建立东亚新秩序之大义，以日中提携的形式，以资源开发为出发点，真正确立矿产资源开发政策。

毋庸说，我国对中国是没有任何侵略野心的，仅是希望民国作为独立国，健康地发展，尽管我国竭力向中国索取我国缺乏的资源，但这亦是我国存在的必须，为了东亚新秩序的建立，这已是我国向民国提出的最小的要求。在确定树立具体的方案方面，我国始终注意到的是尊重民国是一个独立国，并不是为了我国的利益而进行经济侵略，是以东亚新秩序为目标，坚持日中经济提携、共存共荣的立场。

作为中国，应一扫为空论思想、权利回收思想所控制的局面，改变资源为中国所有、不能向日本开放的态度，立足于日中经济提携共存共荣的立场，确立资源开发的政策，谋求资源合理、迅速地开发，这将有助于东亚新秩序的建立。同时也可使遭受事变之苦的中国百业复兴，改善民众的生活，亦可增加国民政府的财政收入。

有统计显示，日军侵华期间，累计从我国掠夺煤炭约10亿吨、铁矿约1.8亿吨、铜矿约150万吨、铝约10万吨、镁约5万吨，还有大量的非金属矿产及铅锌、金银贵金属等矿产！我们不妨以煤为例做一了解。

由于中国煤炭储量丰富、煤种齐全，煤炭产地又距离日本相对较近。尤其是炼钢必不可缺的焦煤，是日本从中国进口的主要煤种

淄川煤矿的矿工住所，1929 年。

北岔子，沙金采掘，1935 年。

北岔子采金场，1935 年。

普兰店盐田，
潮汐用风车。

云南个旧，锡
矿开采及冶炼。

采金钻探作业

之一。从1895年到1945年，日本先后侵占了中国台湾、东北、华北、华中、中南等地区百余座煤矿，掠夺了数以亿吨计的煤炭。早在民国初年，日本就组建机构对中国各地煤矿进行调查，勘探尚未开发的煤田。包括“满铁”调查部、军部调查班、东亚研究所、华北经济调查所等在内，都曾对中国的煤矿资源进行过广泛而系统的调查研究。第一次世界大战爆发后，日本先是趁机攫取了德国在山东胶济铁路沿线的采矿权，又占领了著名的淄川煤矿，进而逐步控制了山东全省的煤矿。在东北，日本控制了抚顺煤矿的经营权，到20世纪20年代，该矿已成为整个亚洲最大的煤矿之一。在日本侵华期间，仅从抚顺煤矿就掠夺煤炭1.2781亿吨，其中还有2076万吨直接运往日本！“九一八事变”爆发后，日本在刺刀的保护下几乎控制了东北地区所有的煤矿。全面抗战爆发后，日本又先后在华北吞占了井陉、正丰、龙烟、开滦等大型煤矿。

岛崎役治于1929年在山东考察时撰写的这篇题为《淄川煤矿》的摄影纪行，正是日本人当年对华北资源进行秘密调查的真实写照，也是他们阴谋侵占中国矿产资源的有力证据。

去往这座煤矿的混合列车，在距离博山支线的中间站淄川站4英里处的分支线上每天往返六次，乘车要收取十四文钱的票款，终点站位于煤矿的采矿区中。

煤矿从山东铁路南侧张店附近开始，沿着孝妇河道，横跨约40公里，占地广阔，据说面积约有300平方公里。因为淄川南部的石灰石层外露，遮断了矿脉。因此以此为分界线，以北约190平方公里的地区委托给私人进行采掘，成了博山矿区。现在的矿区，被当地居民称为“岔山”。由淄川矿、海德尔矿、玛尔塔矿等四座坚实的矿井组成。

现在矿区的总面积约有16平方公里，煤层大约在地下120米至270米之间，多达11层。煤层厚度各不相同，从35米到1米的各种深度煤层都有。据推测，其总储量约7000万至8000万吨。石灰含量适中，硫黄成分含有量较少，煤层中没有夹杂物。上层是有烟煤，中层则适合于制造焦炭，下层则应该是无烟煤。直到1925年，这里都由山东铁路部门进行管理经营，所辖矿工4000余人，据说一个月的采煤量能达到4万吨以上。

这座煤矿本来是由当地居民发现，并先行进行私人采掘的。后来依据德中胶州湾条约，此地就划归德国所有了。后依据1910年的博山矿区权利归还协约，成为德国保有的独占矿区。1914年秋，日德开战，占领青岛后，我国得到了山东铁路部门的管理权。欧洲战争结束后，根据华盛顿会议上签署的青岛条约，以及山东悬案细则协定，由日中两国资本团共同出资，成立了经营山东第一大煤矿的鲁大公司。这个公司是中国政府的特许公司，日本政府则给予了很多的优待条件，以往投资的1000多万元最终仅仅被估价为500万元，对鲁大公司进行无利息移交。分红超过百分之八十以上时，其超出利润的半数可充作债务偿还，等等。鲁大公司的资金是1万银圆，约合250万元，由日本和中国平均分摊缴付，这些钱成为流通资金，在1923年8月从日本陆军省承继至今。

这座煤矿的规划之壮大，思虑之深远，着实令人叹服。由于中国的动乱和世界煤炭市场的不景气，这座煤矿几年来的产煤量只有区区六七十万吨。然而根据德国技师的预测，除现今的产煤区之外，已有的130平方米试行挖掘区中，储藏量仍高达6亿1000多万吨。从如此丰富的储量上来看，整个矿区地上地下的设施，仍需一段时日进行完备。

在我军因济南事件出兵之前，淄川煤矿的各个区域内，仍然存在很多当地居民盗挖煤炭的现象。因此鲁大公司通过日本领事馆，再三敦促知县对其采取相关措施。知县那边，虽然回应说会尽快阻止当地居民的盗挖行为，然而不仅没有收到成效，盗挖行为反而愈演愈烈。一再交涉也没有任何好转，无论怎样强硬，也都是白费力气。伤透了脑筋，最终只得出兵解决，把他们轰走，才能皆大欢喜。

我结束了对煤矿的视察后，便去小学拜访了山下老师。期望通过他了解一些当地的名胜古迹。接着便乘坐运煤马车，前往他所推荐的地方，古时齐鲁的会盟之地，龙口城。

山西五台，
明矾制造场。

四川奉节附近，
井盐制作。

江西萍乡煤
矿，1930年。

在距龙口城1里处，有两座矿井。道路右边的田野里，有散乱四处、破坏殆尽的石人石兽，仅余龟形的底座。大约应该是古时名人的墓地吧。继续向南，便进入了龙口庄的城门。城里道路宽广，石桥的雕刻也颇为精巧。看得出来，在古时，这里是一片繁华的地区。顺着街道向南走，有一座寺庙，庭院前立着四五棵葱郁的老柏树和许多石碑。这是一座庄严的古刹，名为涌泉寺。穿过寺门向南边走下去，墙下有一股清冽的泉水涌出，该寺便因之而得名。除此之外就没看见什么了不起的东西了。只是当天正好是赶集的日子，城门内外便如古时一般车水马龙，喧嚣繁华之极。

我登上南边的山丘，拍摄了龙口庄的全景。当地居民觉得稀罕，便全都聚集了过来，劝我前往前方的名胜去看看。过去一瞧，原来是魁星楼和文昌阁。都是新近建造的，并排的佛像颜色鲜艳得刺眼，只是普通的新名胜罢了。于是我匆匆地结束了参观，继续北行。路上的田野里有很多柿子树和桑树。

乘坐运煤车，来到了淄川煤矿东部的村落。大概是匪患频仍的缘故，这一带的村落都设有围墙。村落的北门外，建有石人石兽并立的碑楼。走近一看，是清朝内阁侍郎王学士的墓。离此地不远的北边，有一座松柏葱郁的山，其上有李文龙的墓。关于这座墓，在马场先生的《济南旧迹志》中有详细的记载。淄川的古迹太多，只得留待他日，我当天就先乘下午三点的火车回青州了。

三、富饶的土地

日本侵略者对中国的资源调查和掠夺是全方位的，除了以发展工业为目的的矿产之外，农林牧渔等领域的资源也是他们关注的对象。

1926年6月，当岛崎役治在长江上游的万县地区进行考察时，就曾特意对当地的特产——桐油予以高度关注，并在该《亚细亚大观》上发表了有关万县的《桐油调查》。在这份小型调查报告中，岛崎役治指出，桐油是中国对外输出的第三大重要物产，而长江上游地区则是主要产地，接着他详细列出云阳、开县、万县、彭水、合州、叙州等地产量的具体数字，还列出了该地区每年向欧美等国出口桐油的清单。通过这么一个小小的细节，我们不难看出，当日本的各路间谍搜集中国资源的情报时，是多么的细致而深入！

在岛崎役治的镜头下，有相当一部分照片反映了东北黑土地的富饶，而这也从一个侧面体现了日本侵略者的贪婪和野心。例如，1931年《亚细亚大观》曾专门有一期的主题是东北大豆。在题为《满洲大豆》的调查报告中，岛崎役治指出，大豆是“满洲”最重要的特产，与煤、盐并列为“满洲”三大特产，年产值达3700万元，占世界产量的三分之二。其年产量3700万石中，3000万石输出日本及欧美各国，商业价值巨大。当时日本政府日益重视对大豆的研究开发，“满铁”中央试验所开始研究从大豆中提取工业酒精，同时将豆粕作为家畜饲料、肥料使用，还将大豆作为小麦代用品……

由于历史的原因，日本对中国农业资源的掠夺，当属东北地区最为显著。特别是1931年“九一八事变”后，为了最大限度地展开掠夺，日本操纵伪满洲国傀儡政权，在所谓“日满经济一体化”的口号下，大肆榨取东北农业资源。侵略者先后在东北设置大批农产

东北，像小山似的白菜堆儿。

东北，鸭绿江上游森林里的木材运输轨道，1929年。

辽宁汤山城，烟草种植，1936年。

热河省，盛开的罂粟花。

吉林六道河附近，烟草晾晒。

黑龙江，兴安岭白桦林。

关东州，花生收获，
1937 年。

东北，水稻收割。

东北，野外堆
积的特产。

品销售机构，并通过这些机构，实行粮食统制，勒取高额利润。在侵略者的铁蹄下，东北农民除被迫缴纳田赋之外，还必须按官定价格与数量，在规定的日期内将粮谷出售给日伪收购部门，称为“粮谷出荷”。比如当时吉林省大豆年产 85 万吨，而“出荷”数即达 70 万吨！更令人发指的是，所谓“出荷”所定的官价与市价相差极为悬殊，如大豆每百公斤市价为 200 元，而官价仅为 17 元。又如，侵略者强制东北农民种稻，却禁止种稻的农民食用大米，所有大米都专供日本军队享用；如有“偷售”和私售大米者，均被列为“国事犯”“经济犯”而予以严惩。如此一来，东北的大量农产品都被日本侵略者掠走。

众所周知，东北地区的大小兴安岭和长白山拥有非常丰富的森林资源，而这一资源也没有逃脱日本侵略者的掠夺。实际上早在 19 世纪末，日本就不断派遣间谍打着科学研究的旗号深入东北地区进行森林资源调查。在这些调查资料基础上出版的著述中，充斥着“满洲森林之广大，令人惊愕”“满洲全部山峰，皆有森林覆盖”之类的描述。日俄战争之后，日本很快就完全控制了鸭绿江流域的森林特权，并在随后 30 多年的时间里将该地区的森林资源摧毁殆尽。据日本人自己供认，从 1909 年至 1929 年间，就大约有 3000 万立方米左右的木材经朝鲜运往日本！“九一八事变”后，日本开始有步骤地控制和掠夺东北的林业资源。而为了弄清东北的林业实况，他们还通过航测和实地调查等手段编成森林资源统计和林像图。统治东北期间，日本侵略者采取了疯狂的采伐手段，从而严重破坏了东北的森林资源，最终造成大量的原始森林被砍伐，许多稀有的珍贵树种绝迹，许多植被完好林木繁茂的林区变成了荒山秃岭。

在包括东部蒙古的东北兴安岭地区，牧业资源非常丰富，日本侵略者同样也没有放过。1932 年的《亚细亚大观》上曾刊登了岛崎役治撰写的报告《东蒙古住民地》，其中指出，东蒙古即今日“满洲国”兴安四省诸地带，属于纯游牧地带或农牧混合地带，但近年来畜牧业有逐渐衰落倾向，“满洲国”成立后，遂采取优秀畜种改良等措施。

最令我们震惊的是，在翻阅《亚细亚大观》时，居然还能看到一些日本间谍拍摄的关于鸦片种植的照片，而且其出发点都是将鸦片种植作为一种资源来呈现的！由此，我们必须提及日本侵略者曾“毒化”中国这个话题。

近代以来，由于帝国主义的侵略，中国人民一直深受鸦片毒害。尤其是英国殖民侵略者，就曾为此而发动过两次罪恶的鸦片战争，对此国人都非常熟悉。进入20世纪30年代以后，由于世界舆论的一致谴责，西方国家已基本停止了对中国的鸦片输入。然而与此同时，日本军国主义在侵华期间，又开始在中国疯狂地进行鸦片的种植和贩卖，其造成的危害程度，丝毫不亚于早先的鸦片战争。近年来，日本侵华时期所犯下的这一重大罪行，已引起很多研究者的关注。事实上，由于日本在侵华战争期间曾有计划、有组织地在中国种植、制造和贩卖鸦片，推行毒化政策，给中国人民身心造成巨大伤害，称其为另一场“鸦片战争”也一点儿都不为过。

1931年“九一八事变”后，日本迅速占领了东北全省，不久又扶植伪满洲国成立。于是，作为日军侵华的基地，东北首先遭受到日本的毒祸。日军占领东北后，为实行所谓“以毒养战”政策，竟然违反国际公约，强迫当地老百姓种植鸦片，并不断扩大种植面积。据有关统计，到1936年时，仅“南满”地区的种植面积就达685000亩。致使美丽而肥沃的黑土地，到处都开满了罪恶的罂粟之花！为了更加有效地推行该政策，日本侵略者还特地挑选得力干将，由官方来直接组织领导，而当时曾任伪满洲国总务长官的星野直树无疑就是罪魁祸首之一。在星野直树的一手策划下，日本侵略者不择手段地强制推行鸦片种植，并进而公然贩卖烟毒，以榨取东北人民的血汗。短短的几年当中，他们就在东北设立了32个鸦片“专卖公署”、1800多处“烟管所”以及两家专卖公司，疯狂地兜售鸦片，甚至还在锦州等地建立鸦片加工厂。

为了促销毒品，侵略者可谓无所不用其极，采取了种种可耻的手段。据许多亲历者回忆，当时伪满洲国各城镇的大街小巷都是烟馆林立，烟馆门前还常常设有欺骗性的招牌，上写诸如“鸦片味美价廉，敬请顾客品尝”之类的话语。即使几十年后，有关此类的罪证仍在不断被发现。日本侵略者控制的“满洲国政府专卖总署”等机构，为了蛊惑我民众吸食鸦片，竟然大肆散发类似广告的传单，有些宣传单上就印有“瘾者同胞请看：买官土吸食的这两位乐哈哈，实在是坦然自在”之类的字样，而其发行方甚至署名为“民政部、蒙政部、军政部、治安维持会专卖总署”。由于日伪官方公开鼓动诱惑吸毒，东北地区的吸毒人数剧增。据 1936 年的统计，该地区每 40 人中，就有一人吸毒！十几年中，日本侵略者就是依靠这种“毒化”政策，疯狂地对东北人民敲骨吸髓，从而达到“以毒养战”的目的，以进一步侵略中国。战后，由于这种令人发指的罪行，星野直树在远东国际军事法庭上被判处无期徒刑，实在是罪有应得！

早在 1937 年之前，日本侵略者就开始将“毒手”伸向关内。他们利用种种伪装，在北平、天津、上海等城市设立毒品交易机构。比如在北平，一些无耻的日本人竟打着药店的招牌行贩毒之实。另外，一些日本人所经营的旅店、酒馆、舞厅等场所，都曾隐蔽地进行着此类勾当。

全面侵华开始后，日本侵略者为了进一步“以毒养战”，又极力将“毒化”政策推向华北、华中和华南，使毒品交易迅速蔓延到广大沦陷区。1938 年 11 月，为了不受束缚地制毒贩毒，日本政府悍然断绝了同世界禁烟组织的关系。同时，在日本内阁中还成立了“兴亚院”这一机构，并在中国的北平、上海、张家口、厦门等地设有分支机构，而其重要使命之一，就是组织关内的鸦片种植、生产和贩卖。

与在东北的强盗行径一样，日本侵略者依靠刺刀开路，强迫中国民众种植鸦片，同时肆无忌惮地成立专门机构进行毒品交易。由于日本侵略者在占领区大力推行种植鸦片，结果“蒙疆”地区 1940 年种植鸦片的县份便达 56 个；在大同，差不多所有的水浇地都种了鸦片。日本侵略者为了进一步牟取暴利，达到其“毒化”中国的罪恶目的，还在这些地方广泛建立贩毒网络。他们依靠日本浪人、汉奸以及不法商民大肆贩毒，并向其提供充分的保护，有时甚至由

吉林，灰幕洞(图们)，江岸木材存放场，1933年。

吉林敦化，木材加工，1932年。

长白山，原始森林。

呼伦贝尔，牧场。

“皇军”武装押运。在他们的保护和唆使下，许多城市出现了“大烟土店”“土药铺”等明目张胆经营鸦片的场所和店铺。为了毒害中国人民，日本军方有时干脆亲自出面，成立所谓的“土药组合”“鸦片公会”等商务组织，直接进行经营。在整个沦陷时期，无论是上海、南京还是天津，到处都可以见到日本人开办的制毒贩毒机构。

黑龙江，乌拉草。

东北，高粱收获。

辽宁开原，大豆装填，1932 年。

东北，豆粕装卸。

辽宁开原，
大豆囤积，
1932 年。

辽宁开原，
大豆囤积，
1932 年。

黑龙江，大根烟
种植，1936 年。

内蒙古，草原。

热河省白塔子
附近，草原放
牧，1933 年。

兴安岭东麓，
草原，1933年。

辽宁貔子窝，
海岸鱼产品市
场，1933年。

黑龙江省，乌
苏里江岸，鲑
鱼交易市场，
1935年。

“东蒙”，克
鲁伦河渔场。

黄海长山列
岛，日本人
开办的捕
鲸作业场，
1931 年。

黄海长山列
岛，日本人
的捕鲸作业
船，1931 年。

这一系列卑鄙的手段，使中国广大人民深受毒害，尤其是华北的山西、河北等省，成了受害最严重的地区。1943年，在仅有8万人口的怀仁县，竟有1万多人程度不同地吸毒，致使1000余户倾家荡产。在大同，自从日本侵略者有计划地施行毒化政策以后，大批中国人开始吸食鸦片，甚至一些家庭妇女也染上了毒瘾。

鸦片对人类身心方面的摧残，人所共知。为了熄灭中国人民的反抗怒火，侵略者一方面以枪炮屠杀来镇压，另一方面就是发动一场更隐蔽、更阴险的“鸦片战争”。日本侵略者正是怀着这样一种险恶的用心，狰狞地将毒手伸向中国民众，试图摧垮他们的斗志。从一定程度上说，他们的手段的确曾收到一些效果。日本鸦片所到之处，确有一些风华正茂的男女青年，意志消磨、道德堕落，许多人还因中毒太深而悲惨地死去，这样的故事，几乎在日本推行“毒化”政策的每个地方都有发生。据当时的有关调查，在日本大力推行“毒化”政策期间，东北地区因鸦片中毒而死亡的人数即高达74000人；在华北，仅山西一省的吸毒人数就超过了20万，而在重灾区大同就有数万人死于鸦片毒害。在无数的吸毒者当中，有些人为了满足毒瘾，甚至投敌当了汉奸。此外，侵略者还通过各种渠道，将大量毒品贩运到国统区和我抗日根据地。

日本侵略者“毒化”中国的另一个真正目的，就在于获取巨额经济利益，筹集战争所需的经费，从而达到其“以毒养战”的意图。以东北为例，在伪满洲国覆灭之前，日本侵略者共生产鸦片达3亿两，每年从中获取的利润有3亿元之多。正如战后日本人自己所证实的，伪满洲国政府财政收入的主要来源就是鸦片和麻醉品交易，否则便难以维持。日本侵略者所成立的“蒙疆银行”，也因鸦片交易而大发横财，1945年其收益就超过4.2亿日元。

或许是眼红于这种惊人的利润，活跃在中国的日本各大财阀甚至为此产生了矛盾，后经“兴亚院”调解，三菱和三井公司特地签订了一个《关于鸦片输入地和划分鸦片贩卖区的协定》，明文规定由前者办理对伪满洲国的鸦片供给，后者办理的区域是华中、华南地区，华北则由两家分摊。而日本政府也直接参与了可耻的分赃。据估计，日本内阁每年可从中获赃款5亿日元左右，这在当时是不小的一笔数目。

种种无可辩驳的事实说明，“毒化”中国的政策毫无疑问是日本犯下的滔天国家罪行之一。许多日本学者就认为，日本的鸦片政策是作为国策有计划地实施的，承认“在中国所推行的毒化政策，绝非日本军政机关在华偶发事件，而是日本国家政策的一环，系作为国策计划而展开之大规模战争”。1943年9月，美国国务院的一份备忘录中就曾提到：“自1936年以来，全球只有一个国家，其领导人鼓励种植鸦片及制造烟毒以供吸食和其他用途，这个国家就是日本。”1950年2月，在新中国中央人民政府政务院所发布的《关于严禁鸦片烟毒的通令》中，也曾义正词严地指出：“尤其在日本帝国主义侵略下，曾有计划地实行毒化中国，因此戕杀人民生命，损耗人民财产，不可胜数。”令人愤慨的是，对于这样一种人类历史上罕见的罪行，日本的许多教科书竟然只字未提。

作为一个海洋国家，日本侵略者当年还曾对中国的渔业资源进行调查和掠夺。日俄战争后，为解决关东军的鱼品供应问题，日本政府便开始从国内调集大批渔船开赴旅大地区从事捕捞。以此为起点，日本在黄海、渤海海域的渔业迅猛发展，从而达到了以战养战的目的。另一方面，庞大的日本殖民渔业船队，还经常扮演关东军海上别动队的角色。1905—1945年间，日本大肆掠夺中国的渔业资源。包括鸭绿江口和海洋岛渔场、烟台和威海外海渔场、成山头外海和石岛东南渔场、青岛外海渔场、连云外海及吕泗外海渔场，等等，基本都是日本侵略者的捕捞范围。仅仅在旅大海域，1906—1942年间，日本就曾掠夺鱼类总量近1000万吨！值得一提的是，作为世界上为数不多的食鲸民族，当年日本人还在中国海域大肆开展捕鲸作业。在与《亚细亚大观》关系密切的《亚东印画辑》中，就有反映这一事实的专题摄影。据记载，为了开展大规模捕鲸作业，日本人于1919年5月在旅大海洋岛成立了“东洋捕鲸株式会社”，该机构拥有2艘100吨级挪威式捕鲸船，可大量捕杀鲸鱼，并开办了鲸鱼加工厂。而据日方数据统计，从1915到1930年，他们就累计捕鲸976头！

第五章

民情大观

在《亚细亚大观》上刊登的有关中国民俗的内容中，有许多小脚女人、抽鸦片、乞丐等题材的照片。我们不禁要问，当年身负搜集情报重任的岛崎役治们，为何会为获取这类并无实际意义的镜头而花费精力？如果将岛崎役治的行为置于历史大背景下，其实也不难理解：同近代许多来华摄影师一样，其镜头语言折射出一种怀有猎奇心理的扭曲的中国观。另外还有大量反映蒙古族、满族以及包括西藏在内的西南地区少数民族社会风貌的内容，也从一个侧面透露出日本侵略者所怀有的分裂中国的野心。

一、扭曲的中国观

1903 年 2 月，日本报纸《国民新闻》上刊登的一则新闻在中国国内引起了强烈反响。原来在这年春天，世界博览会将在日本大阪召开，可是在策划过程中，日本方面居然准备在所谓“人类馆”中展示中国及台湾地区、朝鲜、琉球群岛、印度、夏威夷、爪哇等“劣等民族”的习俗！消息一经传出，立即就引起了中国民众的愤慨，认为这是“污蔑我中国”，“侮辱我实甚矣”。最终在中国舆论的一致抗议下，日本政府不得不出面干涉，取消该计划。

众所周知，自从近代中国被迫开放以来，长期被视为文化象征的缠足习俗则越来越沦为“野蛮”和“落后”的符号。回顾历史不难发现，近代以来很多来华摄影师都曾将镜头对准“小脚”这一特殊的题材，甚至在进入民国以后这一题材仍长期难以绝迹。直到 1928 年，河南省还有地方官员愤慨地指出：居心叵测的帝国主义者，

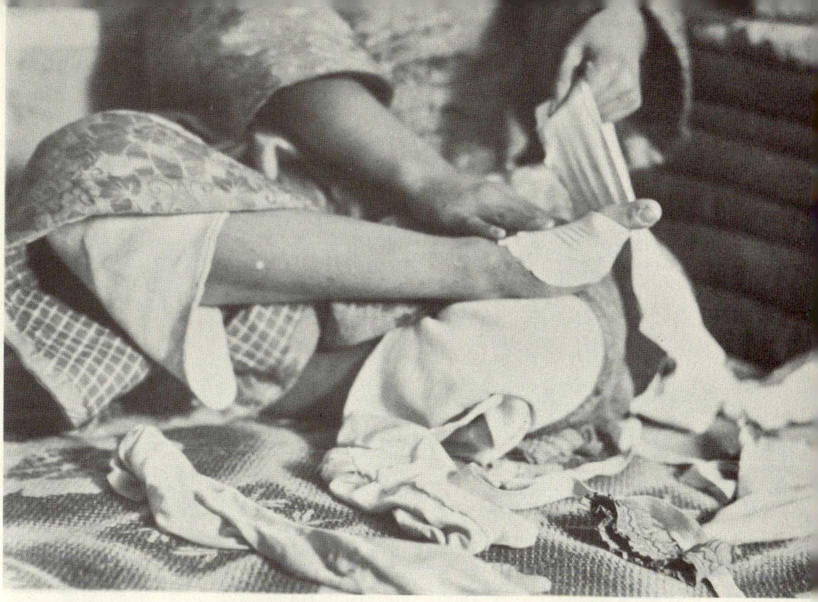

裹小脚

江苏，中国戏曲，杨贵妃舞，1926 年。

浙江，演戏，1926 年。

利用我们民族的弱点，摄些小脚照片，盗买闺房的红绣鞋，随时随地宣传这种丑态；更有将小脚制成各种模型，陈列各大博物馆中。这一切的一切，都给他们造成一种轻视华人的印象，种下侵略我们的祸根！而在 1932 年，居然还有一些外国人在张家口一带乡村摄取旧式妇女缠足照片，作恶意宣传。有鉴于此，中国政府表示“缠足恶俗，系我国曾经通令严禁在案……该外人未经我政府允许，复不明了我整个国情，割取前时代所遗留之片断恶俗，遂尔作恶意宣传，更属不当。且攸关国体”。当时的政府首脑蒋介石为此曾亲自下令：未经当地政府允许，一概不准外人拍照。

由于历史的原因，在明治维新之前，日本人一直将中国看作自己学习和模仿的榜样，对这个邻居充满了敬意和向往。不过在甲午战争之后，侥幸获得胜利的日本一跃成为东亚霸主，并从中国手中敲诈了大量的土地和财富。于是从此之后，绝大多数日本人看待中国时的心态骤然发生了变化。在他们眼中，中国已成为一个日益衰败的国度，中国民族注定要被日益强大的日本殖民。当年在甲午战争刚刚结束后，日本国内就开始流传一些对中国人带有侮辱性的歌谣。怀着这种心态，无论是前来中国游历还是实地调查的日本人，几乎无一例外地表现出了对中国的蔑视或仇视。甚至原先他们非常叹服的中国文化因素，此时也开始成为批判的对象了。例如日本著名作家谷崎润一郎，曾于 1918 年和 1926 年两次来中国游历，并同许多中国文化界人士私交甚笃。尽管如此，在回国后所撰写的作品中，他却一扫曾经对中国文化的推崇，代之以鄙视、批判的眼光。当谷崎润一郎第一次观看中国戏曲时，他尖刻地描述道，台上的演员“用尖细的猫叫般的嗓音念着台词，看上去就像一只煮熟了的红红的虾子”，“后面出来的演员尽是些带着穷凶极恶的脸谱，让人觉得跟做了噩梦般的不舒服”，“那音乐又实在是吵人，像是铜锣之类的东西没完没了的哐哐作响，直震得耳朵也快聋了”。最终他失望地写道：“现代中国有什么？政治、学问、经济、艺术，难道不是悉数堕落着吗？”

与谷崎润一郎类似，这一时期的日本知识界名人如芥川龙之介、小林爱雄、夏目漱石等，几乎无一例外地在游历过程中将焦点对准所谓中国丑陋的一面，不惜笔墨大肆渲染。在他们的笔下，中国各地仿佛都是这样一幅画面：散发着恶臭的河流，破烂不堪无人修缮的城墙，过分夸张与做作的乞丐，唾沫横飞的车夫，邋遢肮脏随地小便的悠闲男人，木偶般呆滞没有头脑的妓女，吸了大烟之后神情恍惚的老人，贪婪的守陵人……总之，他们眼中的中国俨然是一个充满了肮脏、狠毒、贪婪、残酷、麻木、颓废、堕落、荒凉、吵闹的妖魔化的丑陋国度，这个国度里苦力遍布、鸦片泛滥、城乡衰败，到处都是天灾人祸，其民众则蒙昧、贪恋钱财、不讲卫生、迷信鬼神、思想保守、性格懦弱、喜欢围观、注重形式……凡此种种，最终都促成了日本人看待中国时的优越感和征服欲。

1925年，日本女作家田子静江在其出版的中国游记中有这样一段关于上海的回忆：

我想在城内看看，于是请朋友的丈夫陪同导游。所谓城内，即指只有支那人居住的区域。那里既无秩序，也无规则，商店乱糟糟地挤在一起，许多人拥挤着往前走。他们正在做什么？想要做什么？人们大都在吸烟、吃东西，店家吵吵嚷嚷地推销货物。乞丐数量多得惊人，拦住行人的去路讨钱，我如同给神佛进香火钱那般，给了一个乞丐十个小钱，于是数十名乞丐一下围拢过来，我顿时四面受敌，连路都无法走。从前有名的池子，现在不过是一条混浊的水沟。水没有应有的清澈，只是泛着绿色，其中有被丢弃的食物残渣、果皮。有两位年龄约十一二岁的少女，满头污泥、头发发红，面容消瘦、没有光泽、呈青绿色，挡在我们行进的前方，朝地上磕头讨钱。在我们一小时多的参观过程中，她们一分钟也未曾离开，脸上丝毫看不到少女的天真。即便行乞的对象是外国人，她们这样做也自认为理所当然，连做梦也不会想到羞耻二字。虽然觉得这些人可怜，但一想到先前所遭遇的围攻，便实在同情不起来。她们发出悲声，不知乞讨了多少次。本应是天真无邪的少女却以向他人乞讨作为唯一的工作，只要想起这些少女，我的心情就会变得黯淡。

吸水烟的女人

福建，“三把刀”发髻，1928年。

华北，女乞丐，1931 年。

北京，乞丐。

华南，乞丐船。

对于这类看起来不乏同情但却充满居高临下口吻的文字，今天的中国人读来多少会感到有些不是滋味。然而事实上，在整个 20 世纪二三十年代，日本人观察中国的视角基本上都与田子静江类似。通过翻阅《亚细亚大观》《亚东印画辑》《亚东》等刊物中反映中国社会民俗的大量照片，以及有关人员撰写的文章，我们不难看出，自明治维新以来直至侵华战争爆发，大多数日本人的“中国观”无疑都是扭曲的。而这些具有间谍身份的摄影师，在此种视角的前提下，所拍摄的大量反映中国民俗的照片，显然不会有多高的格调。例如在 1928 年，当岛崎役治秘密潜赴福建各地进行拍摄期间，就曾对当地妇女一种特殊的装扮产生了兴趣，之后还为此转载了日本学者滨田武一郎撰写的文章《“三把刀”的由来》：

福州的女性，头上郑重佩戴的三把刀头饰，恐怕在整个中国也找不到与之类似的饰品。这样的头饰，即使放在当今的世界范围里也是非常独特的。这种奇怪头饰的由来和所象征的含义，在历史里找不到相关记载。在此我便将与之相关的传闻，介绍给大家。

汉高帝时，封无诸为闽越王，封国闽越。当时，福州位于封地之内，被称为无诸国。这无诸国地形险峻，民风彪悍，开化程度也不高，然而也并未被其他强大的国家所入侵。唐昭宗时，光州人王审知入闽，打败无诸国。国中的男丁一概不留，皆遭屠杀。而女性则改嫁给唐人。因此，即使在今天，福州的女性仍然管丈夫叫“唐哺人”，这“唐哺人”，便是唐人替代死去的丈夫之意。

那么，究竟该如何挑选和分配这些剩下的女性呢？唐人们把这些无诸国的女性统统放进一个大袋子里，然后进行盲选。选到谁就是谁。因此会有这样的情况发生：年纪不大的唐人从袋中选到一个可以当他祖母的女人做妻子。而有些小姑娘，则被一些年龄大到可以当她们祖父的男人选中。因为有绝对服从的命令，因此即使互相之间对此有所不满，也不得不忍气吞声。其中的尴尬和不满，最后酝酿出了“老公”和“老婆”这两种称呼。

就这样，无诸国的女性，最后不得不成为唐人们的妻子。然而杀夫之仇却成为执念一直萦绕在这些女人的心中。加之唐人们对此事也耿耿于怀，因此，无诸国的女性与这些唐人丈夫之间，常常发生摩擦和争吵。无诸国的女性，时常想为自己死去的丈夫报仇，因此便在头上佩戴这种三把刀的头饰。当时，这种头饰是由铁打制的，由银打制的三把刀头饰，在当时并不常见。这种三把刀头饰，叫作“三条簪”，本是一种簪子，而实际上则是刺杀唐人的武器。然而在当时，究竟有没有唐人遭到刺杀，就不得而知了……

日子一天天过去，杀夫之仇也渐渐变淡了，而佩戴这种簪子最后也成为一种风俗而流传了下来。知道这一由来的人并不多。而将刺杀的武器做成美妙的装饰品，倒也是奇妙得很。

到“九一八事变”前夕，为了替本国的军事侵略提供理论依据，日本知识界也广泛动员起来，热衷于谈论和研究所谓“支那国民性”，露骨地表现出服务于侵华的险恶用心，充满了对中国的傲慢、偏见、歧视、蔑视和仇视。在当时的日本人眼里，优秀民族统治劣等民族是合情合理的事情，而日本是近代以来亚洲唯一一个在欧美国家侵略中保持主权独立的国家，这种论调还全方位深入到国民教育中。例如在一本名为《通俗支那讲义》的教科书中，写到“支那民族无民族精神，极端缺乏爱国心。支那是半开化的国家，富有野蛮的迷信性，是极卑怯的国民，言行不一致。富残忍刻薄性，吐虚言，甚巧，极不洁，自私自利。”正是通过诋毁中国，日本人认为自己有充足的理由“向未开发无人的处女地去发展”，而他们最终走向全面侵华的军国主义也就不足为奇了。

例如《亚细亚大观》1926年刊登的署名为“朴庵”的日本人撰写的《江南的民众生活》，以及《亚东》杂志同年刊登的署名为“严彻生”撰写的《中国人的变态心理》，其中就对中国人的所谓“国民性”进行了详细分析。在《江南的民众生活》一文中，作者大量引用西方社会学家有关中国的观点，对沿海六省的民众生活进行了肤浅的考察，之后则得出了这样的结论：

濒海六个省——直隶、山东、江苏、浙江、福建、广东，是中国人口特别稠密的地区。其内陆的北方各省是东三省和内蒙古，其地域涵括大片的荒野。南方沿海诸省，因为特别方便于人口南下至南洋诸岛打工，因此过剩人口的流出在这一百至两百年间颇为显著。只有没有这等便利的中部各省，与我国当前的现状相当，受到令人恐慌的人口过剩的压力，前途并非光明且让人忧心。罗斯先生认为，这种令人不安的人口过剩现象，在中国本国三分之二的地区都曾出现过。其中，江苏与浙江二省人口过剩现象比较严重，尤以江南，也就是江苏南部以及浙江东部为甚。自古以来，江南就被当作中国的极乐之地，而旅行者眼中的江南风物确实也都符合这一传统看法。而一旦离开那些游记呀、风景呀、古建筑之类的东西，而致思考于生活艰难的民众社会时，这一传说中的极乐乡就一反而成了事实上的地狱乡。罗斯先生就中国的人口过剩现象给予中国人民的生活乃至习惯上的悲惨影响进行了详细的观察。我将罗斯先生的观察进行了归纳，现将其结论摘记如下：

一、能够进行利用的天然资源，不考虑先后，只管利用。

二、在所有食物的选取上，不为营养，只为果腹。

三、偷盗行为仅仅是受到生存欲求的驱使，没有任何的负罪感。

四、在诸如工业、农业还有交通业等行业里，过少的工资与过重的劳动，使得劳动者的寿命缩短，生下不计其数的素质较差的儿童，最终导致整个民族的生活能力低下。

五、为了谋求生计，不在意从事人格受到污损的职业，且这种情况非常普遍。

六、人民可获得的娱乐活动和职业机会都较少。

以上的六条，总的来说，都是正确的。此外，罗斯先生对各条进行了饶有兴味的说明。篇幅有限，在此只得割爱。

……然而不管怎么说，在北方与南方各省通过移民来调节人口问题时，江南地区则依靠工商业与交通业的发达，以及女性劳动机会的开拓，完成了某种程度上的人口过剩调节。然而新疆地区的发现并非如西方一样，是少数天才献身努力的结果，而是新产业的发

乐队

中国戏曲，
渔家乐。

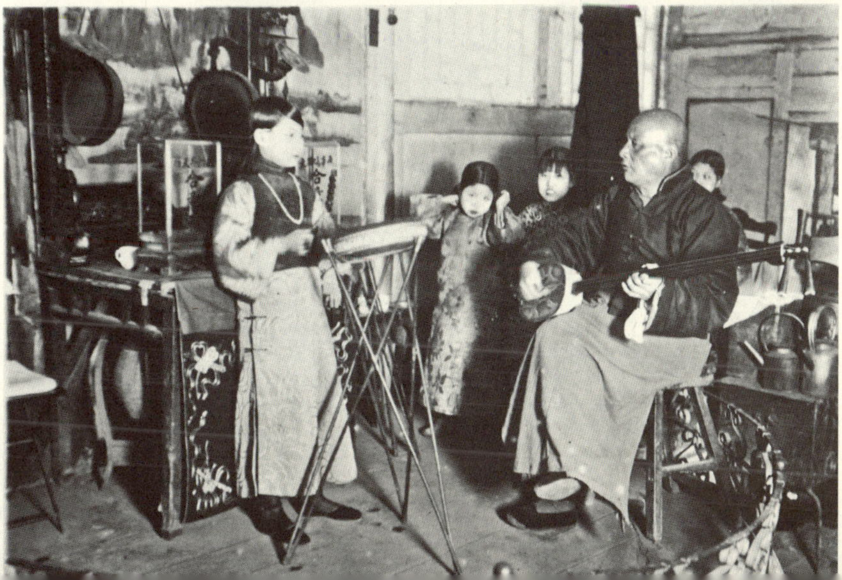
说书女，
1931年。

北京，婚嫁仪式。

重庆，穿丧服的人。

福州，唱民歌的
疍女。

展，以及平凡的多数族群受到无意识的生活欲望刺激的结果，因此也并没有像欧洲一样，涌现大量的发明，因而也没有特别突出的繁荣景象。最后，我也不得不像上述的罗斯先生一样，为之慨叹。换句话说，中国随着人口的增长，并不是没有出现相应的发明和发现，只不过是这些发明和发现的效果都过于微弱，而无法跟上人口增加的速度和趋势。而其所导致的结果就是社会的静态化，也就是社会发展的停滞与社会民生的疲敝。这正是罗斯先生观察所得的结论。

…………

在风俗志《南京采风记》中，这样记载了妇女们的风俗："南京的妇女们有种种恶习。每天晚上站在外面东张西望便是其一，俗称'站门子'。这样做的不仅是穷人，即使中上流的人家，也往往会跟着东张西望。"这种情况，便可算是一例无目的的"赶热闹"。书里还有这样一段："南京人有种种无目的的举动，俗称的'凑热闹'就是这种无目的的举动。比如说，在正月时，男女老少都跑去夫子庙去耍闹，那里并没有任何可游览和观赏的东西。只是互相挤来挤去，东钻西跑，不过是所谓的人挤人、人看人罢了。其他的诸如正月十六日时，人们都在城墙上走来走去。清明时，众人都跑去登雨花台。究竟是为什么这样做，真是完全找不出任何理由来。"这种毫无理由的行为正是所谓的"人看人"，就是为热闹而热闹，除此之外，也找不到别的理由来解释了。在日本，也有所谓"江户儿"这种爱看热闹、好奇心强的脾性。为热闹而热闹，满足娱乐的欲望，是人类的一般习性，比起乡村来说，这种习性在城市里会更强也更为常见，这也是大家所认同的事实。然而从我们的经验来看，中国人追求热闹的性格恐怕要比其他民族强烈得多，不仅仅是城里人，就连乡下人，以及这里没有提到的其他人，都是如此。只要去看看每周集市里群集的人们，就能轻易了解这种情况。因此，我认为这一判断是多少有些真理的，然而其原因恐怕还在某个别的地方。对此，我有两种猜测。第一是比起其他的民族来，中国人获得娱乐享受的机会受到局限。第二是比起其他的民族来，也许中国人的社会性事务和社会性活动较多。城里人比乡下人对热闹的追求欲望更强。这一情况，从心理上来说，或可归结为社会性因素较多所致。

而在《中国人的变态心理》一文中，作者更是明显带有偏见地对中国人的心理进行所谓的分析，从而得出中国人滑头、世故、多疑、少廉耻、顽固、功利等负面结论：

中国人心灵深处的变态心理，究竟起因为何？对于这一问题，笔者这里并没有什么科学研究的结果，也没有什么学术性的说明材料。而一旦说起这个问题，笔者的脑中就会猛然间浮现一些东西，一言以蔽之，就是“圆滑民族”。

俄罗斯是一个“纯洁民族”，如今尚且不能在全境内对人民实行共产主义和社会主义。而中国，则在数千年之前就已经进行了相关的试验了。

一个人，尝遍世间的酸甜苦辣。往好处发展，就会成为一个悟道的人。往坏处发展，就会成为一个老滑头。中国人，从民族上来说，难道不是发展成了后者吗？

不管怎么说，所谓人生，归根结底来说，是不可解的。是不能让人称心如愿的。说这人生里有美好，也终究只不过是一种假设罢了。

这其中，有猜疑者，有冥顽不化者，有非天真烂漫者。这些老滑头饱经世事，因此对事物常常容易采取不信任的态度。

这其中，有事大主义者，有功利主义者，有厚脸皮，还有贪得无厌的个人主义者。

这其中，有发财主义者。只要有钱，任何事都做得出来。

也就是说，他们无论如何都无法享受现世的快乐，因此，也就有了修仙的必要。

以下，就这些心理状态，稍稍谈一谈笔者的感受。

对于中国人来说，没有所谓真正的“笑”。在很多情况下，中国人的笑都是一种社交策略。只有在面对戏剧中的丑角，或者他人的失败或出糗时，他们才会真正地笑出来。

福州，疍
民部落。

广东，疍
民部落。

广东，疍
户，1929 年。

“南满”，吸鸦片的男人，1937年。

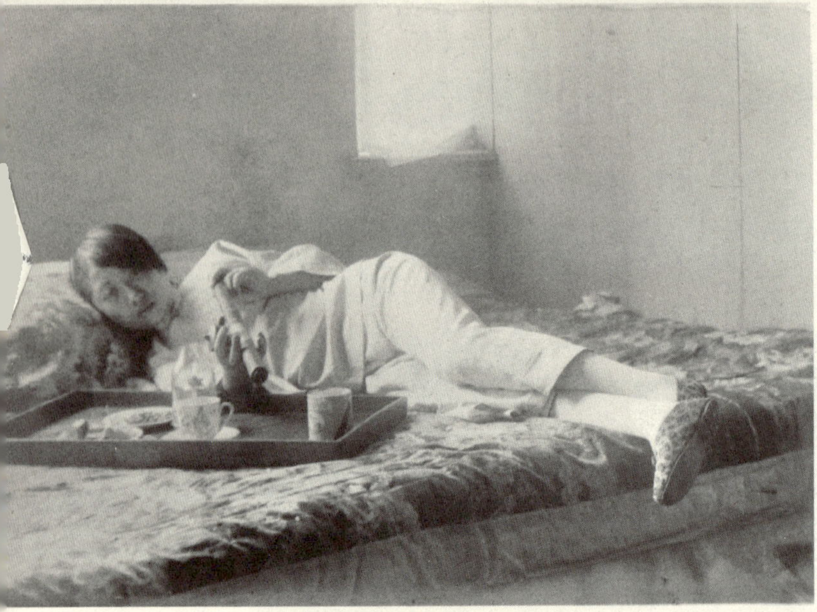

吸鸦片的女人

开原，苦力。

在他们之中，也没有真正的醉。大多数喜怒易形于色的日本人，常常会将这种情况善意地解释为慎重或者深谋远虑的表现。然而事实上，这正是他们缺乏天真烂漫性格的证据。他们老谋深算，正是所谓的“软硬不吃”。

中国人，不论是同外国人打交道，还是同中国人自己打交道，都无法做到释怀和融洽。本杂志第六卷第五号上曾刊登过青户先生的《从中国儿童看面子观念》一文，读过之后，便能从这方面判断出，他们是多么不单纯的人。

正因为自己是怀疑主义者，所以往往就会对他人的行动产生怀疑。对于他人的所作所为，总会疑心其中或有不可告人的目的。因此，在进行产业改良等诸多活动时，只要自己的现状和具体情况还不错，没有受到特别的限制和妨碍，就往往会忽视别人的忠告和意见。这种事情在满铁农业改良运动中经常发生，已经是非常明了的事情了。诚心诚意地向他们提供畜牧改良的技术和改良大豆的种子，而他们却对我们采取怀疑的态度。看来，日本在满洲无法顺利地经营下去的原因之一，便源于中国人的猜疑心理。

中国人心中根植的赌博心理，不也是从其怀疑主义而来的吗？也就是说，这些中国人在考虑问题时，并不在乎某个问题是否能够完全成立，而是在乎是否能判断这个问题完全不成立。对他们来说，只要这个问题不能完全判断其不成立就够了。这便是从怀疑主义而来的思考方式。

此外，中国人心理中的顽固，也常常使他们对他人产生不信任。其实，与其说是他们相信自己，倒不如说是他们爱怀疑别人。

中国人对于他人的弱点，有一种十分敏锐的嗅觉。只要对方对自己不构成威胁，或对方本身是弱者，就会一点也不含糊地厚起脸皮紧紧相逼。

在接受或施与帮助的情况下，一旦知道对方是不得已而施与帮助时，中国人就会认为，这样的帮助是绝对不用加以回报的。日本人在各个方面，都屡屡饱尝了中国人这一性格的苦头。这些日本人通常会感到非常愤慨，只知道一味地咒骂这些中国人是忘恩负义者，

卖枕头的小姑娘

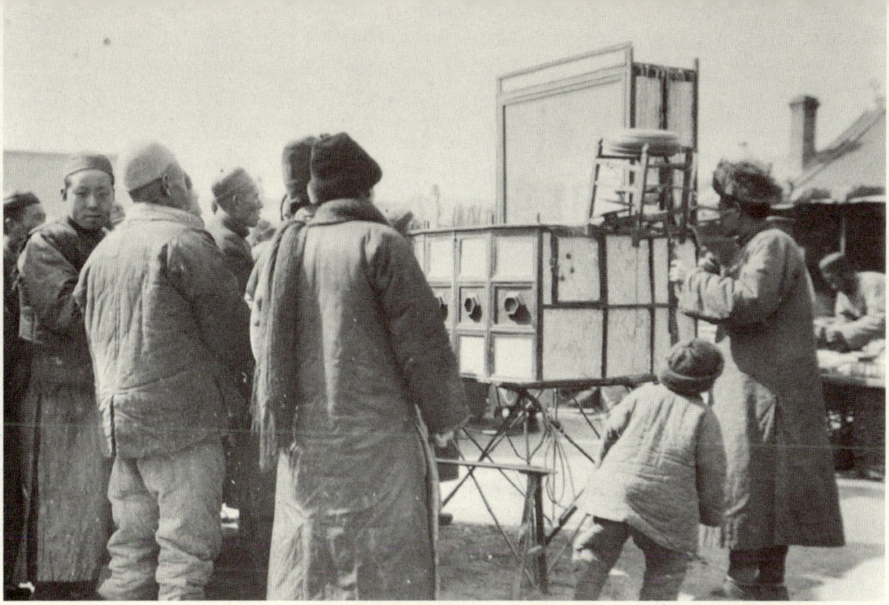

影戏，1932 年。

独轮车

山东省，独轮车，1929 年。

而并没有发现中国人这种忘恩负义的心理根源。在这种情况下，他们认为帮助通常是不求回报的。因为不求回报，所以也不能因此而责骂接受帮助的人。

以中国人为例：坐火车时，有一个中国人没钱买票，遇到麻烦了，而你伸出援手帮他买了票。但等到你知道他的住处就在附近，来日再去拜访他时，说到曾经帮忙买票一事，他就会用一套公事公办的客套话来糊弄你。这种例子举不胜举。

中国人是有毅力有耐性的人种。戏剧也好，电影也好，在性子急躁的日本人看来，每到已经到火候了，可以适可而止的地方时，他们总还要长时间地进行重复，好像不这样就无法满足一样。像麻将这样长时间进行的游戏，对他们来说实在是再适宜不过了。

与这种执拗性完全相反的，则是一种“没法子心理”，这种心理往往在问题变得复杂化时出现，这是从下述的功利主义中衍生出来的一种心理。而这样一种心理实际上并不能作为否定执拗性存在的材料。

此外，与执拗性密切相关的一种心理，便是贪得无厌性。这种贪得无厌的心理与执拗心理相辅相成，让中国及其相关问题变得难以处理。

事大主义最终可以归结为功利主义，因此在这里便一并对其进行说明。

功利主义本是全人类共通的一种心理，而在中国，这种心理尤为显著，成了一种特色。利益关系虽然因每个人的主观差别而千差万别，然而在中国，则呈现了某种程度上的一致性。这种一致性即是，人们对于利害关系的考虑，都是唯物的，而非唯心的。换言之，即是人们考虑利害的基点并非放置在道德和精神层面上，而是放置在物质的、利己的层面上。

举例来说，弱小的正义派正在对强大的非正义派进行抗争，也许中国人会对这场抗争本身感到迷茫。然而从心理上来说，他们会采取这样的方针：加入强大的非正义派，而让弱小的正义派屈服。这其中的原因很简单，因为正义派非常弱小，因此加入正义派没有任何物质利益可言。而非正义派非常强大，是一个可以依赖的伙伴，因之，对物质利益的所得，也可以有所期待。

身材矮小的日本人与身材高大的美国人一同进行竞技运动的时候，这些中国人往往会一致认为日本人的行为太失策了，而他们是准备为美国人的胜利而喝彩的。可是最后一旦日本人获得好成绩后，这些中国人就全都不说话了。这样的情况，笔者在中国遇见了好多回。

古往今来的戏剧和稗史小说，往往赞美锄强扶弱的侠客和义士，这不过是说者开心、见者欢喜而已。就中国人的实际行为来看，就算说他们绝对与侠义无缘，也是大体无误的。

以上所述与执拗性完全相反的“没法子心理”，正是来源于这种功利主义。一旦他们发现事情的结果无论如何都无法满足自己的预期，如今再在这件事情上花费脑力和体力都已经是浪费精力之后，他们就会立刻放弃，说“没法子了”。而日本人在遇到这种情况时，则常常会感叹人算不如天算。

二、蒙地风情

1924年，也就是《亚细亚大观》刚刚创刊的第一年，“满铁”情报课的职员加藤新吉就在上面发表了一篇题为《塞外行》的小短文，其中写道：“四千年中国历史是汉族与汉族称为夷狄的其他民族斗争的历史，从草创之初至灭满兴汉的革命，这种民族斗争一直持续。最近外蒙的问题、汉族对叛逆的异族的斗争让人对民国五族共和的理想能持续到何时产生疑问。”身为一名外国人，为何会对中国的民族问题如此上心？

实际上，自近代以来，日本侵略者就一直存有分裂中国的企图，而其前提就是挑拨汉族同蒙、满、回、藏等民族间的矛盾。

1928年5月，身为亚细亚写真大观社摄影师的岛崎役治在《亚细亚大观》上发布了一则预告，声称“本社岛崎役治将跟从人类学大家鸟居龙藏博士向（内）蒙古出发进行拍摄，准备通过此行来搜集人类学方面的珍贵材料”。从当时的交通条件下，从亚细亚写真大观社所在的大连到内蒙古地区进行考察，其行程是非常艰辛的。身为人类学大家的鸟居龙藏出于专业目的，前往内蒙古地区进行田野考察以获得各种资料，这自然是很容易理解的。可是作为一名摄影师，岛崎役治竟也甘愿不辞辛劳地长途奔波，以搜集所谓人类学方面的珍贵资料，其真实的用意就不言而喻了。

其实对于岛崎役治来说，这并不是他第一次前往内蒙古大草原进行拍摄。早在1925年，刚刚创刊一年的《亚细亚大观》就刊登过他的长篇摄影报道——《克鲁伦河附近摄影纪行》，详细介绍了他去呼伦贝尔克鲁伦河流域实地考察的经历。

……遥望着遥远的东方那同海洋一般出现的，就是呼伦湖了。

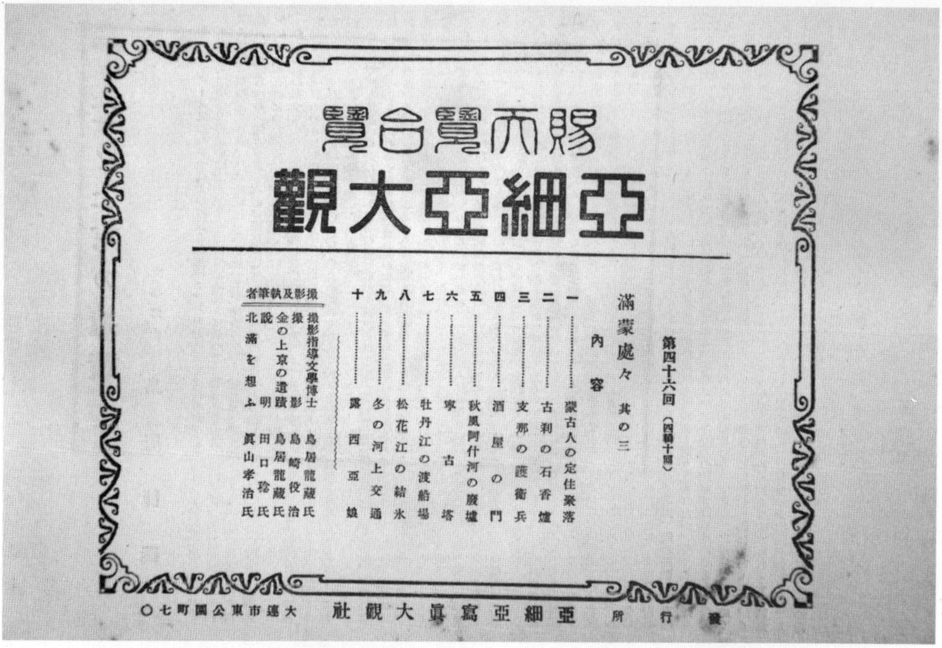

賜天覽台覽

亞細亞大觀

第四十六回（四輯十回）

滿蒙處々 其の三

內容

一……蒙古人の定住聚落
二……古刹の石香爐
三……支那の護衛兵
四……酒屋の門
五……秋風阿什河の廢墟
六……寧古塔
七……牡丹江の渡船場
八……松花江の結氷
九……冬の河上交通
十……露西亞娘

撮影及執筆者

撮影指導文學博士 鳥居龍藏氏
撮影 島崎役治氏
金の上京の遺蹟 鳥居龍藏氏
說明 田口稔氏
北滿を想ふ 眞山孝治氏

發行所 亞細亞寫眞大觀社 大連市東公園町七〇

《亚细亚大观》在 1928 年刊登的关于蒙古专题的照片及摄影报道，其作者署名中有鸟居龙藏和岛崎役治等人的名字 。

挤牛乳

蒙古美女，某王爷的内眷。

察哈尔贝子庙，蒙古人部落，1932 年。

东部内蒙古，蒙古式摔跤，1931 年。

迄今为止，都是从地图上得知这座湖的。而现今当我身临其境之时，才为这座湖泊之大而感到震撼。东岸的山，烟雾朦胧。湖面一寸波浪也没有，静谧如青色的天空一般。据说这座大湖东西横跨 4 英里至 5 英里，南北延伸 15 英里，宛如亘古不变的太古之梦。而今已成为(内)蒙古的渔场，年产值高达 80 万元。

这座湖主要由中国人和俄罗斯人经营。以我们日本人的名义是不能拿到许可的。(内)蒙古的诸般势力，由于俄罗斯的入侵，已经越来越俄罗斯化了。日中协约中虽然规定日本人和俄罗斯人享有同等的权利，然而对于中国来说，却允许俄罗斯人在这呼伦贝尔特区经营，而不允许日本人在此经营。对于呼伦贝尔特区诸般问题，我们还有必要和余地进行考量。脑袋里一边想着这些东西，一边继续前进，渐渐地看见了羊群。再继续向南行，只见羊群正从草原归来，两个蒙古包沐浴在夕阳之中。从这里开始，所见景致总算渐渐有了应有的蒙古风味。

…………

上午 10 点我们到了呼伦湖畔，这里有两座蒙古包，周围有车，围栏中有四五百只羊群居而眠。我们先在这里停下了车，并把蒙古包的主人叫到包外来，然后我们就进入了蒙古包里。不过要小心主人的狗。

在蒙古包的内部，除了中央的那部分之外，其余的地方都铺上了毡子。在正面设了一个高座，其上放置了一个佛坛。左边是活佛的座席，其次是客人的位置。右边是一个木橱，其次是两个妇人坐在那里。然后是水桶和其他的器具，以及食品。中间装着牲畜的粪便，常常以此点火，并用一个大锅在火上煮牛奶。我们先暂且问主人借了一个火炉，并分配好了各自的饮水，然后开始着手准备午饭。首先，我们将带来的素面条作为土特产送给了主人，主人对此感到很开心。然后，我们通过志水先生的翻译，与主人进行了天南海北的谈话。而在谈话时，午饭也准备好了，而我们也早已饥肠辘辘了，并劝主人也一起吃。可素面条里加了鱼，他们不能吃。因为蒙古人笃信喇嘛教的关系，因此一切鱼类都禁止食用。饭后，我来到蒙古

蒙古王爷

东部内蒙古，蒙古弓，
1931 年。

蒙古王爷
领地界标

兴安北省，
蒙古民族小
学，1935 年。

东部内蒙
古，参拜神
庙的民众，
1931 年。

汉化的蒙古包

新巴尔虎人

蒙古包装饰

包外，开始了摄影工作。在这里照了 6 张照片。

在这个蒙古包的东边湖畔，有一个大大的、新的敖包。我和志水先生于是一同前去进行摄影。

…………

要在蒙古草原经营实业的人，其第一要务，就是必须要和主宰土地的、并在当地具有较大权势的人达成共识和谅解。否则，就会像这些俄罗斯人一样，最终招致失败。我认为，这是一件值得特别注意的事情。

给敖包拍完照片之后，我们回到了之前的蒙古包里。休息了大约一小时后，又再次乘上马车，踏上旅途，向南行进。从这里开始，就不是旷野了。目力所及之处的平原，已经是绿草稀少的沙漠地带了。地平线仿佛成了圆的，而我们的马车好似这圆中的心。空中有积云在流动，而太阳却依然毫不客气地直射着。太阳光的反射让我的眼睛开始痛了起来。于是我闭上了眼睛，躺在了车上。走了大约三个小时后，我们到了一座喇嘛庙。喇嘛庙的附近有数十处牛粪堆积而成小山和数量众多的蒙古包。很多蒙古人都住在这里。对面有一个蒙古妇人，她让自己的孩子坐在一个小轿子上，自己则在同喇嘛交谈。我给这一幕有趣的情景拍了一张照片，就继续前进了。在前方遥远的地方，有一座小山，样子像是被截断了一样。克鲁伦河就在这座山的附近。有渔场，也有很多蒙古人住在那里。俄罗斯和中国的商人们也以此为根据地，在附近做买卖。

…………

这一带的蒙古人被称为新巴尔虎族，过着几乎原始的游牧生活。他们虽然身材并不高大，然而体格大都健壮。面貌扁平，颧骨高，皮肤呈赭色。性格强悍勇猛且刻苦耐劳，为人豪爽，质朴，天真又热情。我一个人渡过河去，探访河对面的蒙古包，用手势比画着，向包中的女人和孩子们问这问那。然后又走进蒙古包中，与主人一家一同享用了蒙古茶和牛奶。他们总是对着我笑，与我说很多话，然而我仅仅只能用手势作答。傍晚，当我准备回旅馆时，他们还亲切地专程送我到路上。将要分离之时，我送了他们人丹，他们为此感到非常高兴。

…………

这里的中国人非常热情，为我们空出了整个房间。在这房间里躺下来，蚊蝇多得让人睡不着。这时，主人拿来了食物，于是我们就坐了起来。让我感到惊讶的是，锅居然是一个大脸盆。然而这对于肚子空空的我们来说并不算多。我们整整吃光了三盆。吃完之后，雨也停了，从云里露出了太阳的光芒。被雨润湿的湖畔草原上，露珠开始闪闪发光。我组装好机器，开始摄影。湖畔泛起涟漪，我站在湖边，顿觉这渔家也颇有一番有趣的风情，便在此照了四五张照片。湖畔的渔家对资本的需求很大。这一户中国人家，房子的建筑费要 4000 元，一组渔网 6000 元，他们有两个，就是 12000 元。各种各样的东西加起来，3 万元的流动资本是需要的。

翻阅《亚细亚大观》，特别是在“九一八事变”前后所刊登的内容，不难发现有相当一部分照片反映的正是蒙古民族的社会生活。例如在 1927 年，《亚细亚大观》就刊登了一篇题为《蒙地之开放》的文章，署名居然是“满铁情报课”！文中充斥着挑拨蒙汉民族矛盾的露骨言辞。而 1930 年刊登的一篇题为《蒙古族之近况》的文章，署名夏玲和，从历史文化的角度简要介绍了蒙古民族的分布区域、发展历程、宗教信仰等，并有意识地突出中国历史上蒙古族与汉族的斗争。

至于岛崎役治提到的人类学大家鸟居龙藏（1870—1953），的确也是一个在中国少数民族研究方面举足轻重的学者。作为日本近代杰出的民族学家、人类学家和考古学家，鸟居龙藏曾多次到中国的东北、西南以及台湾、内蒙古等地进行考察，对当地各民族的历史、体质、语言、宗教、习俗作了详细记录，并写出多种调查报告和专著。然而必须看到的是，在实际的研究与考察工作中，作为学者的鸟居龙藏其实也与日本政府的对华侵略有着千丝万缕的联系。甚至有学者指出，鸟居龙藏对亚洲人类学调查的足迹总是跟随着日本的殖民扩张。例如在 1936 年他在《边疆》半月刊上发表的《蒙古

五当召

洮索铁路沿线，葛根庙本堂，1934 年。

谒见阿巴嘎王，1932 年。

之今昔》一文，字里行间就充满了日本殖民者的口吻，表面上是对蒙古族30年间的变迁进行对比，而实际上却明显是在挑拨蒙汉矛盾。

无独有偶，另一个知名日本学者白鸟库吉（1865—1942），从事的所谓蒙古史研究，在很大程度上也是为日本帝国主义的大陆政策服务的。而他所主持的“满鲜史研究室”，更是直接归“满铁”领导的一个机构。

正是基于鸟居龙藏、白鸟库吉这样的学术大家以及岛崎役治之类的业余人士的窥测刺探，为日本侵略者向内蒙古地区进行渗透提

蒙古王府的堂官，1932 年。

兴安北省，蒙古族警察，1935 年。

供了许多重要情报。由于地理位置的关系，特别是在确立“满蒙政策”的过程中，日本一直对内蒙古地区存有觊觎之心。自清王朝覆灭后，日本就通过各种手段竭力与内蒙古上层王公建立联系，在广泛搜集情报的同时，还秘密扶植一些分裂势力发起所谓复辟运动，试图通过制造乱局而获取利益。在逐步取得内蒙古地区政治、经济方面的各种特权之后，野心勃勃的日本还秘密制定了详尽的政策和计划，其目的则是对该地区实施占领和统治。1931 年“九一八事变”后，迅速占领了东北地区的日本侵略者一手策划成立了伪满洲国，其统治范围就包括内蒙古的东部地区在内。以此为基础，侵略者又极力向内蒙古西部进行侵略、渗透活动，妄图吞并察哈尔、绥远等地区。1936 年，一位中国观察家就曾指出：

自九一八事变后，东北四省相继沦陷，冀、察亦成特殊状态，日本西进之雄心，有增无已。绥远当冀、察西进之卫，故日本在此特务机关之活动，日趋表面。自民国二十四年（1935 年）秋即有日本人长期住在包头饭店，日机亦日有往来，或巡飞宁夏之阿拉善旗及额济纳旗。郡王旗及达拉特旗先时已有日人出没无常，或化装喇嘛，混行于蒙旗间，近半年来（1936 年）日人已有来旗测绘地图、拍摄相片者。彼辈来旗，且有至札萨克王府馈送礼物者，盖欲实行笼络手腕，以遂其所图也。唯准格尔旗现尚未发现日本特务人员活动之痕迹。殆亦感于蒙旗上下拥戴中央，不受摇惑，不易售其技欤。

果然到 1937 年全面抗战爆发后，日军很快就占领了察哈尔省及山西省北部、绥远省大部，并扶植分裂势力建立伪“蒙疆”政权，进而在内蒙古西部的锡林郭勒、察哈尔、乌兰察布、土默特以及伊克昭等地区建立起殖民统治。

三、异域猎奇

由于地缘政治的关系，近代日本在侵略中国的过程中，对于“满蒙”地区的少数民族研究非常深入，持续时间很长，并投入了巨大代价。与此同时，对于中国西北和西南边疆的少数民族地区，他们也很早就予以了关注，《亚细亚大观》的内容就可以证明这一点。例如在 1932 年，尽管当时“九一八事变”已经爆发，中日关系极度紧张，但岛崎役治一行仍敢冒着风险辗转河南、陕西、甘肃等省进行拍摄。而对于中国西南边陲的云南、贵州、西藏等地，因其十分重要的战略地位，日本人更是很早就着手搜集相关情报。值得注意的是，由于这些地区少数民族较为集中，因此日本当局往往会借助一些民间学者的名义进行所谓的文化调查。

在云贵地区，由于这里聚集着数十个民族，是人类学家开展研究最好的样本，因此早期来到这里进行调查的，正是我们前面提到的鸟居龙藏等人。1902 年 7 月，继 1896 年在台湾对当地土著居民进行调查后，鸟居龙藏受日本东京帝国大学的派遣来到中国西南，准备对该地区的少数民族进行综合调查。他孤身一人从日本出发，然后在翻译的陪同下由上海溯长江而上，经武汉至湖南，入洞庭湖逆沅江而上到达贵州镇远，后又经贵州而到云南和四川，调查完成后于 1903 年 2 月从四川顺长江而下返回上海。在这次长达 134 天的实地考察期间，鸟居龙藏先后辗转贵州贵定、定番、重安、贵阳、青岩、安顺、施平、关岭、坡贡、八番、郎岱、盘江上游毛公驿，云南平彝、广南、开化、弥勒、武定、昆明、十八塞，四川宁远府、越雋等地，行程达 2000 多公里。而他所调查的对象则包括贵州的苗族、布依族，云南、四川的彝族，调查内容主要有当地居民的体质、

从西藏归来的队商（即著名的云南马帮）群

前往西藏的队商所驮货物

队商的晚餐

云南刺绣女

苗族民间乐手

集市上的妇女

苗族的木棉手织工艺

苗族女性

倮倮族民居

倮倮族为彝族支系，16世纪后从中国云南迁至东南亚，主要分布在越南、老挝，大多从事山地农业，其语言和习俗与彝族大体相同。

语言、服饰、居住情况、习俗、社会组织、文化等。在调查过程中，鸟居龙藏还随身携带着一架大型照相机，沿途拍摄了 400 多张玻璃版底片，这些照片真实记录了当时西南地区苗族、布依族、彝族、藏族的社会风貌，具有很高的历史价值。正是在此次实地考察的基础上，鸟居龙藏于 1906 年撰写了 30 万字的《苗族调查报告》，1926 年又出版了《从人类学上看中国西南》，从而成为一位具有世界声誉的人类学家。

值得一提的是，鸟居龙藏在中国西南开展少数民族调查期间，沿途都得到了日本在华机构乃至民间人士的大力支持，许多地方的日本驻华领事甚至派出武装部队予以护送。而另一方面，身为一名学者，鸟居龙藏在中国西南的实地考察不仅为日本政府提供了有价值的信息，而且他本人往往会在不经意间流露出其潜藏的动机。例如，针对 20 世纪初期法国在云南的渗透，身为日本人的鸟居龙藏就明显有一种焦虑之情。他在《从人类学上看中国西南》一书中，就专门辟章节介绍“法国人的势力”。

1927 年 8 月起，《亚细亚大观》连续 6 期刊登了一批西藏主题的照片。在编者按语中，发行方特地声明：

在昆仑之阳、云山之阴，这里有一个神秘的国度西藏，这里住着令人着迷的吐蕃人，这些奇异的民族有着自己的宗教和风俗习惯。时至今日，我们日本人始终无法取得入藏许可。

时值金秋，当年曾在西藏滞留数年进行探究，并写下令世人惊叹的游记的青木文教老师，将他拍摄的照片和活动记事通过我社刊行，我们深表感谢。

西藏珍奇的风物无疑会极大满足大家的趣味，然而这些内容其实不单单是令人产生兴趣，它们还有更深的研究价值，而通过这些照片，我们还能了解到关于西藏的历史、民族、风俗等其他内容。从这个意义上讲，这些照片的摄影者具有不可埋没的功绩，而我社此次公开刊行也有重大意义。

倮倮部族
风俗

缠着头饰
的农民

已婚女子
的发型

白苗女子

白苗人

布达拉宫，以下这一组关于西藏的照片均系青木文教摄于1912年，《亚细亚大观》1926年刊登。

禁苑舞蹈

藏戏

西藏宗教仪式

盛装的西藏贵族妇人

西藏贵族绅士

西藏上流青年

在这6期《亚细亚大观》上，除刊登了60张由青木文教拍摄的照片之外，还连载了青木文教与下林厚之分别撰写的《西藏思出》《西藏问题》两篇长文。经查证，下林厚之为东亚同文书院的研究人员，曾在中国西北的甘肃等地进行考察。而这些照片的拍摄者青木文教，则是20世纪初在西藏刺探情报的最著名的日本间谍之一。

近代以来，号称“世界屋脊”的西藏一直因其特殊的地理位置和神秘的社会文化吸引着西方各国探险家的目光。早在19世纪后期，英、法、俄、德等国的探险家就相继来到这里旅行考察，并为各自国家的势力向西藏渗透提供重要参考。在这方面，日本无疑是后来者。明治维新之后，图谋全方位侵略中国的日本开始将目光转向西藏。在一些军国主义分子眼里，西藏虽然地处中国西南边陲，但却是亚洲的地理中心，战略地位十分重要。另一方面，作为藏传佛教的圣地，西藏对于周边的四川、云南、青海、甘肃、内蒙古乃至中亚、印度等地区都有重大影响力。因此从20世纪初开始，为了摸清西藏的详细情况，日本各路间谍接踵而至。与此同时，由于当时中国政局混乱，作为西藏最高首脑的十三世达赖喇嘛一度产生自治自立或地方割据的思想，企图建立所谓的大西藏国，因此也使得日本方面感觉有机可乘。为了拉拢西藏地方政权，培养双方的感情，日本政府一方面打着宗教交流的旗号开展互派留学生活动，另一方面则秘密派出以各种身份为掩护的间谍潜赴雪域高原，广泛搜集情报。

从1900至1945年间，著名僧侣河口慧海、退役军官矢岛保治朗、青木文教、留学生多田等观以及专业特务野本甚藏、木村肥佐生、西川一三等人先后秘密潜赴西藏，这种接力式的间谍活动为日本政府提供了大量重要情报。而在这些人员当中，青木文教无疑是最具代表性的。

青木文教（1886—1956），出生于日本滋贺县，上中学时转入本愿寺派所属的佛教大学学习。恰逢1908年西本愿寺与十三世达赖喇嘛达成互派留学生协议，青木文教于1909年被该寺住持大谷光瑞指定为派往西藏的留学生。1910年2月，十三世达赖喇嘛逃亡印度大吉岭，当时正在加尔各答考察的青木文教立即奉命去拜见达赖喇

西藏露天市场

西藏士兵

西藏贵族骑马行进

达赖喇嘛乘轿出行

全家福

西藏政府俗官

十三世达赖喇嘛

西藏贵族，主人与仆从。

嘛，从而逐渐取得后者的信任。

1912 年 9 月，青木文教经尼泊尔进入西藏，同年 10 月拜见了达赖喇嘛。达赖喇嘛询问了青木文教的旅途经过后，表示西藏地方政府与日本方面的关系不能只局限在与本愿寺之间，而要发展与日本其他教派以及日本政府之间的关系。随后 3 年间，在学习西藏宗教和语言文字的同时，青木文教积极结交西藏上层人物，甚至协助西藏地方政府训练军队、制作军旗等。与此同时，他也特别留意搜集有关西藏宗教文化、社会经济和资源矿产等方面的情报。正如青木文教本人后来承认，他在西藏 3 年间受到了达赖喇嘛和西藏地方政府的礼遇，而作为回报，他尽力向达赖喇嘛提供外界信息服务，同时也不忘秘密与日本军方人员联系，向他们提供有关西藏及达赖喇嘛动向等方面的情报。

1916 年 1 月，青木文教奉命返回日本，临行前还受到了达赖喇嘛的专门召见，后者还授给他“班智达”的称号。之后青木文教沿着进藏时的路线，路经江孜到日喀则，于 2 月末抵达锡金，3 月底抵达印度，滞留了一年后于 1917 年 4 月回国。令青木文教失落的是，由于种种原因，他在回国后曾一度受到冷落。1920 年他出版了《秘密之域西藏游记》，1935 年他曾在京都大学教授藏语。直到日本发动全面侵华战争后他才逐渐受到重视，1941 年之后受外务省嘱托从事了约 6 年的西藏方面的调查及情报工作。不过他的主要著作《秘密之域西藏游记》《西藏文化之新研究》等，无疑是对当时西藏的一份详尽调查记录，涉及政体、行政组织、宗教、教育、产业、交通，以及军备等内容，被日本政府视为极为珍贵的情报。至于他当年在西藏期间沿途所拍摄的大量照片，更是反映那个时代西藏社会的最直观的影像资料。

第六章

消失的风景

耐人寻味的是，在岛崎役治等人潜赴中国各地进行拍摄时，尽管其主要目的是搜集情报，但或许是出于旅行者的本能，他们也常将镜头对准当地的名胜古迹。而在后来八九十年的历史进程中，照片中的这些名胜古迹则经历了风风雨雨，有的毁于战火，有的被大自然的风雨侵蚀，有的则被人为损坏，更有的在改建后已面目全非。从这个意义上讲，岛崎役治等日本间谍的摄影活动又恰恰为今天的人们留下了宝贵的影像记忆。今天，当我们审视这一幅幅充满历史沧桑的泛黄的照片时，是否会生出几分唏嘘？

一、风景名胜

作为一衣带水的近邻，中日两国自古以来就有着密切的交流。在这一过程中，中国各地的名胜古迹也引起了许多日本民众的神往。近代以来，随着两国政治、经济、文化往来日益密切，日本国内迅速出现了中国旅游热。特别是一些文化人士在中国游历后，还出版了各类影响深远的游记。不过由于明治维新之后中日两国的发展态势大相径庭，因此当日本旅游者身临其境地目睹那些向往已久的名胜古迹时，其心态也已发生了变化。

就拿风景秀丽、名胜众多的中国江南来说，当日本著名作家德富苏峰于 1906 年前来这里游览时，在其笔下就不吝溢美之词。他在后来出版的游记中曾赞美西湖称，“冷也好热也罢，西湖绝景不负绝景之名”；甚至满怀羡慕地表示，“我本来是个不想做官的人，如果一定要让我做的话，我希望是在这里当一个月的领事”。而另一位作家谷崎润一郎在1918年第一次游览了江南的南京、苏州、上海、杭州等地后，也毫不掩饰他对苏州的喜爱："即使寒山寺本身无趣，但是其附近运河的景色——枫桥、铁岭关附近的风光，我至今都不能忘怀。"然而仅仅过了几年，当芥川龙之介等日本作家游览了江南后，却将所经之处描绘为颓败不堪、散发着颓废的气息。例如在描绘上海著名景点湖心亭时，芥川龙之介这样写道："沿着这条摊床街走到尽头，声名远扬的湖心亭一望在即。说起湖心亭似乎应该很壮观，然而那不过是一个看起来随时可以坍塌的颓败至极的茶馆。亭外的湖水中漂浮着墨绿色的水垢，几乎看不见湖水的颜色。"即便是面对日本人过去十分向往的杭州西湖，他竟也认为："总体来说，与其将西湖称为湖，还不如说是一个大大的水田。"

不难想象，在20世纪二三十年代，当亚细亚写真大观社的间谍们潜赴中国各地实地考察时，尽管其最关心的是那些与日本的对华侵略与渗透密切相关的情报，但出于摄影师的职业本能，他们自然也对每一地的名胜古迹格外留意。翻阅《亚细亚大观》，我们可以看到大量反映这方面内容的照片，以及摄影师们撰写的类似游记的报道。而无论是照片本身还是文字报道，作为旁观者的他们总是能不经意间流露出某种特殊的视角。例如在1926年，身份为"满铁"人事课职员的加藤新吉就在《亚细亚大观》上发表了一篇题为《居庸关》的短文。

居庸关是历史上最悠久的关防要地。汉代的地理志中有关于居庸设关的记载。在汉代曾被称为军都关，北齐朝被称为纳款关，唐朝被称为蓟门关。《吕氏春秋》与《淮南子》都称"天下九塞，居庸其一"。《金史》记载："中都（大兴府，今北京）之有居庸，犹秦之崤函、蜀之剑门也。"

太行山脉，连绵数千里，中有八陉，层峦叠嶂，古称天下之脊。依靠八陉遏制其咽喉，使人无法越过。而居庸正位处第八陉，是经内蒙古通往现今直隶、山东各地所必须经过的首要之地。正因如此，自古以来历朝均在此设关镇守。

黄山附近的汤口镇，1929年。

民国时期，旅游业尚不发达，通往一些名山大川的道路更是非常艰难。当年著名画家徐悲鸿携其学生孙多慈前往黄山写生，就曾经历了许多周折：他们从安庆坐船到芜湖，再由芜湖转车到屯溪。芜湖到屯溪的公路，最早修建于1926年，但只通到宣城，后来才延长到屯溪。虽然车能通行，但路况极差，中间还要在河沥溪住一晚。由汤口上山后，他们先住在狮子林禅院，后落脚掷钵庵……这里所提到的汤口，即照片中的汤口镇。汤口镇位于黄山风景区南麓，距屯溪67公里，离黄山南大门仅1公里，素有“黄山门户”之称，如今已是黄山景区的主要生活服务基地和旅游接待基地。尽管堪称“中国通”，但作为日本人的岛崎役治对黄山无疑应该也是神往已久的。因此在来到黄山脚下时，他或许真正回归到了一名普通旅行者的角色。于是在他的镜头下，壮美的黄山、潺潺的溪水、衬映着白墙黑瓦民居的田园风光，一切竟如此迷人！而如今，当游人来到这里时，又会发现眼前的景色与当年相比，已经产生了哪些变化呢？

北京，玉泉山附近景色，1927 年。

玉泉山位于北京海淀区西山山麓，颐和园西侧，是京郊有名的风景名胜，因这里的泉水“澄洁似玉”而称为“玉泉”。明、清两代，宫廷用水皆从玉泉运来。据说在 1692 年，康熙皇帝第二次南巡时把精心选择的稻种带回北京，在玉泉山试种成功并大面积推广，是为著名的京西稻。此后数百年间，玉泉山下一望无际的稻田便成为古都北京郊外一道独特的风景，俨然如江南风光。甚至直到 20 世纪 50 年代初期，这里还保留有上十万亩稻田，而如今的“京西稻”已成为国家级品牌。岛崎役治当年拍摄这张照片时，北京城依然局限于古老的城墙之内，而玉泉山一带则宛似如梦如幻的江南水乡。

从庐山眺望鄱阳湖

洞庭湖

居庸有三关，为南口、居庸和上关。守卫居庸北部的正是八达岭长城。凭借长城首先起到守卫功能的是上关。上关被攻破了则有居庸关，居庸关被攻破了则还有南口，若南口也被攻破，则地势平坦、草木丛生的北京城将濒临被一举攻下的危险。

史书记载，金人攻破居庸关后，转眼间中都陷落；起义军火烧居庸关后，崇祯帝就自缢了，而明朝也随之灭亡。由此看来，与其依靠地势的险要不如依靠人心，人心若失去了，即便固守再多的天险也无济于事。在研究千载青史、历代兴亡遗迹之时，有谁不会嘲笑仅凭一个居庸关而固守天下这一愚蠢至极的想法呢？

从西直门的平绥线，向西遥望连绵不绝的西山，向着白色河滩、碧绿树林中散布着的村落走去，远远地就感觉整齐排列耸立着的奇峰不断向我们行进的方向压来，快压迫到眉毛之时，我们抵达南口车站。到了秋天，这儿可是柿子的盛产之地。

立志探寻居庸关遗址的旅人，必须骑着驴，从关沟地区开始探寻。沿路是被称为燕京八景之一的居庸叠翠。夹道两边，山势雄奇，翠嶂如屏。荒废的烽台、城壁和关门，或耸立着，或依旧环绕于山峰，或深埋入山谷中。晴天时，仰望漂浮于山谷之间的白云，倾听来自峡底的溪水悦耳的磬音。若是雨天，则山谷云雾蒸腾，可以看到二十五菩萨来迎之胜景。若是大风天气，则可以感受到漫天飞沙、虚空中一片高亢之声的奇趣。游子从一次旅行中，通过感受雄壮的景观而开阔自己的胸怀，领悟人生无常，不禁怆然感慨。从遥远的漠北之地出发载着货物的骆驼，成群结队朝着京师方向行进。已饱经风霜的居庸关，从元末明初以来就是遏制来往行人的咽喉之地，睥睨众生。关城如今只保留了其遗迹。据史书记载，跨水建此关，南北有二门，二门之间有一著名的过街塔。对历史美术爱好者来说，此处可说是竞相追逐观赏、不辞辛劳废寝忘食之所在。距居庸关八里之处是上关，经上关再行七里是弹琴峡，再行七里则是青龙桥，居庸的北口、八达岭也距此不远。现在京绥铁路从南口开始蜿蜒而出，或连接断崖，或直通隧道架起轨道，经过关沟三站通往青龙桥。

毋庸置疑，作为一家摄影类期刊，无论其真实的背景和服务目的如何，风光照片依然是吸引读者订阅的最大卖点。因此在通常情况下，《亚细亚大观》和《亚东印画辑》的最大篇幅自然是有关中国名胜古迹的照片。为了使自家的照片更具观赏性，除了花费巨大的精力探访千里之外的景点之外，岛崎役治等摄影师还不惜血本在照相器材上加大投入，例如在1929年撰写的摄影报道《九华山与黄山》中，岛崎役治就自信满满地写道：

常言道："五岳归来不看山。"在这五岳之外，长江以南，安徽省之一隅之中，便有一座如画的名山。其之所以能凌驾于遥远的五岳之上，相信在本刊前几期里的黄山篇和九华山篇中，已经描写得非常详尽了。与五岳这种仅靠历史背景而闻名的名山相反，黄山与九华山徒以其山体和岩石的奇崛而得名天下。我们的九华山和黄山，囊括了岩石、云、水三者的综合之美。这种美正是人们景仰憧憬之根源所在。而我们运用照相机，将这种美拍摄并发表出来，已经获得人们的热烈反响和交相称赞。

如若要问黄山和九华山的价值，所剩的问题便只有一个：此二山除了岩石山体之奇特与佛堂寺庙之庄严外，一定还有一些更加让人感兴趣的地方所在。这里的佛教盛衰，山中居民的生活好坏，以及风景的诸多变化，如若不能说明这些情况，也就无法将这座山的情况完全介绍给读者诸君。因此，我社更换了新的相机镜头，希望能在影像的惊鸿一瞥中，为各位描绘上述的诸般景象。而本期杂志正是上述努力的成果和结晶。

山岳作为地球的皱纹，是日日夜夜反复受到自然的侵蚀而形成的。山中的生活，也会有意无意地产生变化。清晨和黄昏的光线变化便是如此，在山中的生活也是如此，以山为本的精神变化也是如此。山的灵魂在一一跃动着并反映着人们的生活，这是任谁也无法否定的。

恕我再次强调，本期杂志是关于黄山和九华山山民以及山中生活的记录。希望读者诸君能够通过相机的镜头，充分感受这扑面而

云南，洱海。

洞庭湖落日余晖

山东济南，大明湖。

来的大山气息。

最后我们还必须承认，作为一名职业摄影师，岛崎役治撰写的一系列游记性质的摄影报道，文字优美，结构流畅，的确具有较强的阅读性，而这也恐怕是《亚细亚大观》能够长期发行的原因之一吧。在此，我们不妨从中精选颇具代表性的几篇。

南京摄影行

晚上十一点，我搭上从上海车站出发的汽车，于第二天七点半到达南京。在宝来馆的接待人员的陪同下，我们在旅馆安顿下来。我们寄存了行李，吃过了早饭，便雇了一辆马车，同一个中国人向导一起，巡游南京的名胜古迹。马车在又窄又脏的街道上行进，有几次有与人相撞的危险，真让人心中不安。我们来到了被人称为三宿崖的地方，巨大的崖壁横卧在此，我们准备在这里参观。

宋时，丞相虞允文在采石大破金兵之后，凯旋途中，在此崖的洞窟中夜宿三宿，因而得名。总而言之，这是一块巨大的崖壁，其上有枯草，风吹簌簌。在责任的惯性下，我立即就“咔嗒”一声，拍了一张照片。驾着马车，穿过高高的城墙之中的城门，回过头来，只见狮子山正横卧在后，山顶之上有中国的国旗迎风飘扬。而附近的松林则更添此情的意趣。

晋元帝初渡江时，见其山险要似塞北卢龙，故名之为卢龙山。明时，才改作现在的狮子山。山上现今筑有炮台，因此已成为一座要塞。其上的中国士兵们正漫不经心地巡逻瞭望。

我们一行边走边看，旭日的阳光投射在一尘不染的白墙上。街市鳞次栉比，其中夹杂着西洋建筑。其后的农田里，麦子和蚕豆郁郁葱葱，十分繁茂。处处皆有竹篱。街道也较为宽阔。然而南京城内却多半是荒芜的田地。好几处的土墙都已渐渐崩塌，刚刚发芽的柳树随风飘动。叫卖之声听起来也总有点令人悲伤。南京真是个悲伤满溢的地方啊。

不久，马车就来到了一座巨大的、四角涂满铁丹红的建筑之前。

这就是有名的鼓楼，现在已成了公园，日本领事馆则就在其附近。日本国旗随着晨风飘扬着，迄今为止无精打采的心情不由得为之一振。领事馆的东邻就是金陵大学，校园里，学生们三三五五地在散步。一队佩剑的中国士兵正步伐堂堂地行进着，向北望去，是元代至正元年修建的观象台，城北耸立着北极阁。之后，我们前往鸡鸣寺。鸡鸣寺修建在北极阁东边地势稍稍偏低的地方，是六朝历代朝廷居城的遗迹。从二层楼向外望，近处可俯瞰微波荡漾的玄武湖，远处则可遥望明孝陵以及钟山的风光。现今，此处设置了专供登临游客的席位，由寺庙的住持煮起苦茗来加以款待。这大约也是为了钱吧。

登上东边由梁武帝修建的古城遗迹台城。如今尚存石墙与城门，让人产生怀旧忆古之感。玄武湖现在的湖水很少，其中多是枯草与莲茎。远处的岛上，有一座寺庙，在春雾中，李花正在盛开。景阳山高高地耸立在东边，南京的街市则在雾霭中显得朦朦胧胧。

下了台城，我们再次乘上马车前往寻访朝阳门的明故宫。那里修建了一座一尘不染的洋楼，用于保存宫城中的遗物。前面的小河上，据说是五龙桥的遗迹，现今残存着五块石桥。正门的对面有一座巨大的城门，现今已停止修建了。当地的居民们，正住在那个拱门里。曾经的明太祖宫殿，最终成了农民起义军和革命军的牺牲品，如今只剩残迹了。

此时所想的，是古时的忠烈故事。惠帝的叔父燕王觊觎帝位，遂起兵夺之。召方孝孺草拟登基的诏书。孝孺投笔恸哭，论及顺逆之序，大骂燕王。燕王大怒，将其处以车裂之刑，其亲属家族连坐而死者八百余人。门下学生殉师而死或遭流放者众多。血碑亭是其遗迹，血恨之迹永久留存，其仇恨也就这样保留下来。他们生而为人，却如此壮烈地死去，让人不禁兴起缅怀追思之情。

穿过朝阳门来到明孝陵。这是明太祖洪武大帝与马皇后合葬之处，往时豪华壮丽的构造只存在于想象之中，而今只剩下石人石兽的古迹残存。整座陵墓像一座城一般，如今被加以修缮，涂以红漆，可惜却让此地变得庸俗化了。门口的值班人，正在贩卖各种各样的

趵突泉

南京玄武湖

泰山

山东青州，云门山。

南岳七十二峰

西湖

长白山天池

苏州城外运河

东西。

走出此地，再乘马车，接下来就到了贡院。以前，这里是历代科举考试的考场，据说有两万六百个号舍。这明代官府的重要遗迹，如今只剩下楼门了。原以为秦淮河的夫子庙不过尔尔，一见之后，却被附近的人声鼎沸的极端繁华所震撼。桥边的小吃店热闹非凡，游客们喧嚣异常，艺妓们的歌声也闹哄哄的。秦淮河里系着很多画舫，其上却没有客人。据说是现今水量减少的缘故。傍晚六点，我们回到了旅馆。

久违的日本料理抚慰了我的疲惫。南京真是个不可小看的地方，受到丰盛的款待，心里着实感到愉快。第二天，我们乘马车，去登雨花台。我们凭吊了方孝孺之墓，登上了山顶，南京的街市一览无余。下了山，就去莫愁湖。莫愁湖现在的水很浅，一点景致都没有。买了莫愁志与莫愁像的拓本后，就返回了。如果不是夏天的话，莫愁湖真是没什么好看的。

去登了清凉山，这里有一座清凉禅寺。其建筑颇为雅致，登临其上，金陵田野的风景尽收眼底，颇有情趣。远望四顾，寺庙古刹星罗棋布。荒草离离的大厦残基，似乎在述说明朝当年的繁华，或可想象农民起义军据城时的情况，亦不禁让人想起革命之后的修罗场。荣枯盛衰，如梦似幻。人生的兴衰不禁让游子泛起愁绪。夕阳寂寥地映照着我的脸，从群山，到河水和街市，都映照在其光辉之下。

峨眉山

峨眉山在四川省首府成都西南，距成都约一百七十英里。自重庆乘小蒸汽船走三百英里水路，至叙州溯江而上。从这里到嘉定则要乘民船溯岷江之激流而上。嘉定距峨眉县城九十里，登山需五日左右。峨眉山是中国的第一灵境，由大峨眉峰、二峨眉峰、三峨眉峰三峰组成。主峰海拔高一万余尺，压倒周围最险峻的群山，不仅有闻名的普贤灵境，山顶还有许多大寺院，以及确实值得惊叹的溪山名胜。特别是出现在山顶的佛光，这一神秘的灵异景象早已脍炙人口。每天前来此处拜谒的人们络绎不绝，近来还增加了越来越多的外国览胜者。四川在住的外国传教士常来此避暑，宗教会议也在此召开。果真是无可辩驳的第一名山啊。

从嘉定一出发，就听见水声轰轰响，这是大渡河的支流雅河的清水正流入深涧，看见有名的竹筏，正在激流上划着，这番景象实在令人畅快。在附近群山的山麓，四处都是穴居人的遗迹。据说在此曾发现了大量石槌、器皿以及当时的遗物。一边眺望着这样的风光，一边继续前行，不一会儿就进入了峨眉的平原，远远近近地看见农夫在青青的水稻中拔草，便到峨眉县城了。以手遮挡日光，仰望城门方向，只见峨眉山以其雄伟巍峨之姿向眉心压迫而来，其上白云来去飘荡。

在巨树与寺院间攀登了一会儿后，就到了潜藏于山门苍翠的树木之中的山麓名刹伏虎寺。从这里经过一座跨过溪流的小桥，再沿着青苔覆盖的山路，就进入本堂了。这里有晋时由行脚僧心庵开建，曾在明末时毁于战火，到清朝由僧人贯之重修的大僧院、罗汉像、铁制大香炉以及其他古老雅致的器物。细观这些东西，想必会有有趣的研究发现吧。

再向上攀登的话，就是大峨眉寺的巨型宝刹了。山麓的两边是壁立的巨石，上面镌刻的是吕纯阳所书的“大峨石”，还有苏东坡的“云外流春”。品味古人的笔迹，遥望山路烟雨深处的重峦叠嶂，真是壮快之极。险峻的山路通向山顶，登山之苦痛，与攀登途中在清澈的溪流旁绞干汗湿的衣服，也是游峨眉山的一大特别的乐趣。

登山的老妇人丝毫不担心缠足的小脚，依靠信仰的力量，迈着颤颤巍巍小脚脖子，向一万尺的山顶攀登。富豪们有时候是被人背在背上，有时候是坐在轿子里，它们奢侈的登山方式，也算是在峨眉山能见到的一种世相吧。

行旅中，我们夜宿在山中的寺庙里，山寺的夜很冷。在炉子里烧起炭火，边吃瓜子，边听着莺鸟纤细的歌声和杜鹃终夜的啼鸣，我早已麻木的羁旅之心，开始忧伤起来了。夜深了，在枕边听着溪流的淙淙声与引水管里咕噜咕噜的水声，一颗游子之心百感交集，不禁泪眼蒙眬。

第二天清晨，我们进一步向山顶跋涉。一路上，雾雨中浮现出红白相间的花草，和其中美丽的石南花。它们清新的姿态，即使是不懂风流之人，也不禁会在心中涌出优雅的情绪。山道越发地险峻了，让人汗水如瀑布一般直往下流。

攀登了几刻钟后就到了山顶。一见之下，山顶的地势，在西南有所倾斜。而东北两边的悬崖则如刀劈一般。地面上尽是裸露的山岩，其上仅仅稀疏地生长着灌木和苔藓。然而，在寒气与四时常有的风雨中，寺院的屋顶仍然从生着草木，其雅致也可轻易推知了。

金殿建于万历年间。据说在修建之初，大寺院是镶嵌并点缀着黄金的，而今则踪迹全无。屋顶的铁瓦如今堆积在空地上，任由来访者们随意拿走。在以前，屋瓦、墙壁及柱子都由铜铸就并镀以黄金的金殿，现如今则变成了哀婉的木质结构，这真令人感到忧伤。在金殿和金顶的空地上有古铜碑，是在万历年间铸就，并在近年从地下发掘出来的。

想起为雨雾所烦扰的前天，我就迷迷糊糊地从床上坐了起来，一边和脚夫们说着“好天气啊好天气”，一边从床上爬了起来。连脸都没洗，就急奔出去了。到了卧龙庵，寺僧们都在心无杂念地合掌念佛呢。我们现今站在一万余尺的山顶，其时恰逢东方有五彩霞云，云霞间露出一两线金色的光辉，其中则是宝玉一般升起的太阳。阳光照耀着合掌诵经的僧侣。此情此景，让我的心中的感念如波涛起伏。

山下被白云遮蔽，向西藏的方向遥望，千百连绵的峰峦在云中有若浮岛，大云峰的白云随风而动，如浪涛一般朝着山峰冲激着，怒号着。太阳的光辉映照其上，其壮丽、伟大、神奇的景象，让我见之而沉醉恍惚于大自然的宏大无限之中。峨眉山的胜景尽在这壮丽绝伦的云海之中。

我站在一万余尺的峰顶，恍然之中仿佛连时间的流逝都全然忘怀了，仿佛站立在了永恒之中。

黄山探胜行

黄山是黄山山脉的首山，位于安徽省内的长江以南。从鄱阳湖东绵延至徽州地区，高约一千二百米，山体主要由古代花岗岩组成，是江南的第一灵山。据山志记载，山高约四千仞，旧称黟山。唐朝天宝年间末期，才改为现在的名字。山中有名胜如三十二峰、三十六水源、二十四溪、十八洞、八岩等。山中也有很多温泉涌出。

唐朝时，李白曾游此山。清初有名的画家石涛和尚也曾在此山中修行。巍峨的山峰直耸天际，溪涧峡谷如鬼斧神工凿刻而成，奇岩怪石组成陡峭的峭壁如立起的长矛一般。山间的小道上溪谷密布。山中遍布广大的森林，因之该地水量也很丰富，溪谷也更增一番深邃之趣。山形与朝鲜的金刚山有一点相仿。一路上风景如画，令人心旷神怡，千变万化的地貌令旅行者难生厌倦。若要观看这些景致，可以从芜湖长河溯航而上，若要一探溪流深潭之究竟，从鄱阳湖出发则比较好些。还可以从浙江省沿着钱塘江溯流而上，其流域中有急流险滩，危岩飞瀑。春夏秋冬之间有大自然神秘的千变万化。冬天的雪景也颇为宏大绝妙，只因交通不便，匪患频仍，至今为止，我国前往探胜的游人还没有。

而且，此山还是一座植物、鱼类动物以及其他学术研究的资源宝库。从这一点上来看，仍然有一些有关自然科学的问题遗留在此尚未解决。这座充满秘密的千古名山就这样等待着世界上的诚笃学者前来探胜哪。我的探胜之旅首先从大通上岸开始，进入青阳县，游过九华山之后，再进入石律县，最后从大平县开始攀登黄山。一路上的旅馆设备颇为简陋，自带寝具以及其他日用品的话会较为方便。

三十里峡溪

穰溪的黎明美不胜收。我将这第一画题题为：清溪映光，之后将这一绝景拍摄了下来。我们坐上渡船，渡过溪水来到对岸。

水田的稻子结穗了，上面沾满朝露。早晨澄澈的空气让我们心旷神怡。自然的温和让我忘记了昨日饱受臭虫之苦的夜晚，脚不觉使力，越走越快了。沿着溪流的道路变得陡峭起来了，山近了，松树苍郁。松籁声和着溪流的水声，翠绿连绵的山峦也变得愈发深幽了。到了平攸关和汪王岭后，眼前是一片令人眩晕的深壑，其下一条奔腾的水流，漫过高耸于两岸的绝壁。水上的微澜静静地反射着晨光，沉沉的水声悠悠地传来，颇有一番趣味。断崖上栈道交错，挑夫们与这山溪相映成趣，担着大件的行李，默默前行。而令人不可思议的是，此地年轻的姑娘们仿佛与这明丽的山水相映生辉，人人美貌无比。一看便知是来自山村的纯朴而开朗的未婚少女。在山村里看到的未婚姑娘们，个个也都非常漂亮。有趣的是，这些姑娘们全都绑着头发。其他的地方的未婚姑娘，为了同已婚妇女相区别，通常不绑头发，任由其简单地披散下来。而此地则没有这样的区别，这样的风俗，也是结婚与土著习俗研究里有趣的一面。

溪谷曲折，流经好几个山村。在栽植着茶树和蜡树的斜坡上，石阶越来越急。到了山顶，有一座关门，其下方的竹林里，有一座大学禅林怀古亭。从萱草丛生的小路走下去，山体的倾斜有所缓和，林子继续向前延伸，古老的松树杂立其间。这里是溪流的北流，山水的景致也愈发雄浑。一抬眼，前方便是高耸入云的黄山山影，笼罩在淡霞之中。然而没走多久，就进入了平原，水稻结着穗子，宛如青色的波浪在飘荡。

空中浮动着黑云，云间时有锐利的光芒露出。兴许是因为这里地势较高，因此也较为凉爽。我们紧赶慢赶，终于在下午 4 点到达甘棠街。

夜宿甘棠街

我们来到名为万和的旅馆，这是这条街上第一等的旅馆。门前的招牌上漂漂亮亮地写着此处有浴池，因此我一进屋就急急忙忙地去找浴池。然而他们却淡淡地回绝了我，说这浴池已是冬天的事了，现今已经没有了。没办法，只得叫侍者端来热水，盥洗一番，换掉脏衣服。换完衣服，刚在椅子上坐下没多久，就有客人来访了。卖东西的小贩，士兵，还有国民政府的职员，各个都为其特有的目的尽情发挥了一番，真是有趣。而我则把握好分寸，尝试着对各位先生们的行为进行观察。

官吏们频频显摆自己的权力，这其中有中国式的趣味。入夜后，一个穿着中山装的差役提着一个大灯，上面用红字写着“公安局”三字，一一检查起旅客们的行李来。姓名文件以及介绍信等都要一一查看，并登记在簿。我们也并没有例外。

其中，那个绢布商贩接受了差异严厉的调查。等到调查结束，差役回去之后，那个绢布商贩就开始降价把绢布卖给在这里遇到的客人。看来商人总是不会亏的啊。人们就此开始了一番精彩的讨论，最后，客人开始交换各自的名片。而这其中有一个公安局警察。这时，这个警察态度猛地一转，对商人说：“你并没有此地的营业许可，跟我去一趟公安局吧。”便把这个绢布商贩带走了。看来中国的差役和公务员果然都是蛮不讲理的，三民主义的理论虽好，然而实际执行起来却全都是倒行逆施。这一带的农民也为此对国民政府深怀怨恨。

夜里，臭虫与蚊子大军来袭，不得不与之大战一场。然而禁不住白天步行四十五里山路的疲惫，就这样睡着了。

甘棠是一个人口约一千五百人的丁字形镇子，也是雨伞的产地。西边有当地人的祖先祠堂。是一个很大的建筑，满是中国式的雕刻。这一带的农民普遍富裕，米、蚕丝以及茶叶等农副产品产量颇多。

登黄山

我们于 14 日 6 点半出发了，向南走，陆续经过了水田松林和桑田，最后来到了古城桥。山水景致也越来越好。过了望仙阁之后，随着溪流延伸的，是一片红松林。在飒飒的风声之中，蝉鸣渐渐变得喧嚣起来。我们从这里沿着溪谷，翻过山，最终来到一个村落，总算到达了黄山的山麓了。登山道就在奔腾的激流边上，险峻陡峭，我们气喘吁吁地爬着，来到了芙蓉关，接下来就是下坡路了。山路上往来的行人很少，沿着杂草丛生的山路向下走，有一个山中人家，只有一点点田地，之后又是登山道了。在左边较远的地方，嵌着一块怪岩。清流的声音在这里出奇地响亮，只见深渊急湍正在奔流。

在这等幽邃的境地中跋涉，遥远的前方是巍峨的高山和峡谷。溪水声淙淙，森林之中传来黄莺的鸣叫声，仿佛来自过去一般，更添一番仙境之趣。继续向前走，老松蟠绕的巨石旁，架有一座石桥，前方耸立着西海峰，清冽的溪流在岩石间蜿蜒。山趣也随着我们的前进而益加绝妙。渡过桥来，就是松谷庵。进入寺门后，当值的僧人热情地欢迎我们，并引我们来到东边相邻的观音阁会客室。我们享用着他们引以为豪的黄山云雾茶，听住持说着话。原来住持曾在九华山待过，因为那里世俗化过于严重，因此便搬到此地来了。他觉得此地非常宁静，修行可成。

暂且就聊到了这里，我们告别寺僧，进一步向东南攀登。杂草越来越深，杜鹃花的种类很多。春日花开的烂漫景象真是美不胜收。

继续攀登，是栲树和香木的林子。走上林间小道，来到了溪流边上。跨过溪流登上东岸，前方溪涧顿开，仰头只见高峰摩天而立，这番无法用语言形容的壮观之象便是天门峰，脚夫们则指着那边告诉我们，那是莲花峰。

一边欣赏着杂草中盛开的百合花，我们一边沿着溪流小路攀登。从这里开始，山路越来越险峻了。累积的石阶为青苔所覆盖，山气冰凉，浸透肌肤。左右的岩石间散开着各种各样的花，其中的一叶兰格外漂亮。随着攀登的继续，花的颜色也随着变化，紫色和白色的花变多了。雪线以下的花正在盛放。这谷间还丛生着山白竹，铁杉等巨树的下方长着青苔。闻着带有湿气的青苔香气，气喘吁吁地攀爬着垂直的石阶，最终爬上顶峰时，已是下午6点了。

山顶横卧着一块巨石，一棵外形奇特的松树生长在那里。俯瞰之下，南边是一片陡峭倾斜的广阔地段。狮子庵就在山峰下面，我们叫了门，只听得寺僧喊了一句“来了”，就出来欢迎我们了。走下一段急峻的斜坡，便首先来到了庵中一个房间中。由于这是一座游人极少的草庵，因此我们的到来对他们来说也有点猝不及防。

当晚，我们与寺僧聊到很晚，然而在今日的行程中，走过了那二十五里如刀削过的山路，因此疲劳异常。我们谢过了寺僧，便退回到了他们给我们的房间。山气森森，仿若仙境，这样想着便睡着了。

二、古迹历史调查

1925年10月，在“满铁”人事科职员加藤新吉的“指导”下，亚细亚写真大观社的摄影师岛崎役治从北京出发乘火车前往山西大同云冈石窟，对这处中外驰名的历史古迹进行实地拍摄。回到大连后，《亚细亚大观》发行了云冈石窟专辑，同时还刊登了岛崎役治和加藤新吉分别撰写的《云冈摄影行》及《云冈石佛——其时代与地位》两篇文章。

云冈摄影行（节选）

云冈的佛迹，作为名垂千古的伟大艺术，不仅中国引以为傲，也是东洋的代表艺术作品，更冠绝于世界之上。

我这次能与各位会员贤达共享观赏这云冈佛雕之荣耀，心里不禁十分喜悦。然而因为所待日数较少，时间不够，只能为各位传达云冈壮阔佛雕之一隅，心中也着实感到非常遗憾。

云冈，在山西省大同驿的西边约三十里的村落。这里有一座被称为石佛古寺的寺庙，寺庙周围一带的山冈和悬崖上，凿有数十个石窟。石窟中雕刻有巨细无遗的石佛。这些石佛，是由石窟四壁和天井的天然岩石雕刻而成，工艺精致巧妙至极，真乃世所罕有的伟大景观。其中最大的石佛，是一座七十余尺的巨像。这座佛像雕刻于四层楼高的殿堂背后，由天然岩石构成的断崖所凿成的龛洞之中。此外，还有数个二十尺左右的佛像。

这种雕刻手法是在六朝时大规模传入的，同河南府城外的龙门石窟一样，受到了西域乃至印度的影响，是中国古代美术鉴赏中极致的代表作。据说这些佛像自北魏兴盛之时便开工了，经过了一百余年的雕刻才最终完成，如今则是距今一千五百多年以前的杰作了。

云冈石窟大佛

山西大同，云冈石窟西方窟全景，1929 年。

20 世纪初期，云冈石窟完全没有官方“开发”的痕迹。庄严雄伟的大佛与炊烟袅袅的村庄比邻而居，一切看起来虽然破旧零乱却又自然和谐。值得一提的是，云冈石窟后来之所以能蜚声海外，还真有日本人的一些“功劳”。早在 1902 年，日本东京帝国大学建筑学家伊东忠太就走进云冈，其所撰写的考察报告首次引起了国际学者及世人对云冈石窟的关注。1921 年，著名摄影师山本赞七郎出版了《云冈石窟》照片集，进一步掀起了世人研究云冈石窟的热潮。显然，岛崎役治很可能也是受此影响而来到这里的。

杭州，保俶塔，1927年。
保俶塔又名保叔塔、宝石塔、宝所塔、保所塔，始建于五代后周年间，为八面七级砖砌实心塔，高45.3米，是名城杭州著名的古迹之一，坐落于西湖北缘宝石山顶，历代曾多次重修。1924年，此塔发生严重倾斜。1033年，当时的杭州市长赵志游和地方名流程学銮等人发起重建保俶塔的倡议，并照之前的古塔原样修葺，还保留了明代的塔刹等铁构件。这张由岛崎役治拍摄的照片，真实地再现了重修之前摇摇欲坠的保俶塔。1997年，有关方面又对此塔进行了大规模维修。

福州，镇海楼，1929年。
福州镇海楼位于屏山之巅，为江南三大镇海楼之一，也是我国古代名楼。始建于明初1371年，历史上屡毁屡修，1970年彻底拆毁。

恰巧在我到达大同东华栈的时候，从北京来的摄影师岩田秀则先生正在进行为期十二天的云冈石窟摄影与拓本制造工作。因着这位先生的工作，这回首次发现了大和十三年的一块铭刻，其上有大意为“比丘尼僧罹患重病，信者五十四人，刻此佛为之祈福”之类的词句。就这一新的发现，或可颠覆之前关于佛像雕刻年代的学说也未可知，这就只能拜托学者们去研究啦。

…………

离开大同市约十里左右，就开始沿山路行进了。两边的山峰都是没有树木的秃山，道路从这里开始更加险峻恶劣。道路两旁都是石崖，如果是乘轿而来，在这里，最好还是下轿步行为好。再往前走，就有河川、寺庙和小村落了。在山间，能看见农民耕作的身影。穿着红衣服的年轻妇人，骑在驴马上，鞍下左右挂着小笼，有小孩子坐在里面。真是有趣的异国风情啊。

携带小型照相机的各位，可以充分体会和享受种种摄影之余情，别有一番情趣。

沿着这条山谷中的小河前进，我们到了山间一个较为广阔的空地，从这里可以遥遥望见云冈的山峰。小河之上横卧着年代久远的断崖，其上有无数的孔穴。青屋顶的高层寺院耸立于上。现今，在我心中憧憬了很久的佛窟终于出现在我眼前了。我的心不由得心潮澎湃。之后走了大约 30 分钟，就来到了云冈的佛古寺。寺中的僧侣前来寒暄问讯，迎接我们进入室内，僧侣们捧出茶来，对我进行了热情的欢迎和招待。之后，便由一个小沙弥领我前去佛窟参观。若想当天返回的话，需在当天清晨 3 点或 4 点就启程前往大同，再乘坐当日的末班车就能从大同回到北京。

我租下了寺中的一间房间，在此借宿了两夜。寺僧们都对我照顾备至，亲切地为我准备饮食起居，打扫房间。白天，我给佛窟外的佛像照相，夜晚则在佛窟内摄影。首先点起三根蜡烛，绑在长竹竿的一端，找到拍摄目标。对准焦点，接着闪光灯的镁光亮了起来，异样的声响划破洞窟里的空气，吓了我一跳。渐渐，我就习惯了周围的环境，在室内继续进行拍摄，直到深更半夜才回到自己的房间

浙江绍兴，禹陵，1930 年。
禹陵位于绍兴东南郊的会稽山山麓，相传古代治水英雄大禹的墓葬之地。陵内神道尽头为大禹陵碑亭，亭内立有由明代绍兴知府南大吉所书的“大禹陵”石碑。

辽宁抚顺，元帅陵，1936 年。
元帅陵为奉系军阀张作霖的陵园，位于抚顺市。1929 年 5 月动工兴建，后因“九一八事变”而中途停工，而张作霖也并未安葬于此。

福建延平，楼门，1929年。

江西庐山，媳婆塔，1930年。

江西袁州城外，文笔塔，1930年。

热河，凌源县，万祥寺，1934 年。
万祥寺是一座喇嘛庙，清朝时乾隆皇帝往盛京祭祖途中曾驻跸于此，并赐名“万祥寺”。

吉林扶余郊外，三母庙，1936 年。
三母庙地处扶余县城东南，为双层大殿，因殿内金母、孟母、徐母等神像而得名。

山东，秦叔宝故宅，1929 年。
秦琼，字叔宝，为唐初名臣，山东历城人。后世为纪念他，在济南五龙潭畔建造了祠堂，而此处也习惯被称为秦琼故宅。

休息。大同的夜晚安静如太古之初。

夜里，时有微风袭来，能听到寺庙里挂着的小吊钟会发出丁零零的声音，划破夜晚的静谧。

住在这样的异国寺庙里，过着远离尘嚣的生活，偶尔会觉得生而为人是件有趣的事情。在那里住的第二天晚上，寺僧来了，我们天南海北地聊着，直到午夜12点已过。我问寺僧，这样恢宏气派的佛迹，与其让它为牛马畜生的粪土所掩埋，为当地居民所居住而荒废，为何不好好想一想保护的方法呢？寺僧回答我说，如果我们大肆宣传保护佛迹，反倒会招致村民的反感，这样的话，也难以继续在这座庙里待下去了。只要交钱，当地的巡警就会允许居民住到佛窟内去。而且当地的风俗也非常混乱，我们对此是一点办法也没有。

这座伟大的艺术宝库，就这样被一点一点地摧残了，其艺术之光也一点一点黯淡下去了。佛窟的底层有炭层，如今已签订了出售合同。一旦开始内炭层的采掘，佛窟就要被破坏殆尽了。金钱的力量将要砸碎这名垂千古的艺术。如此这般尊贵的史迹，我们日本，无论如何都要为中国，乃至整个东洋，构想出一套史学上的保存方法。而这些方法反过来，也许又会成为构筑日中亲善关系的一条意义深远的导火线。我望着逐渐荒废的史迹，一个人安静地思考着。

云冈石佛——其时代与地位（节选）

山西省大同府距京师七百里，是矗立于朔北荒凉风烟中的一座大城市，据说是古时彪悍无比，常乘汉族懦弱而入境掠夺财物的北狄所居住的地方。汉族的势力扩张之后，这里就成为人们所知的北方重镇。出西直门，乘坐京绥铁路的客车，翻越险峻的八达岭，眺望蜿蜒的万里长城，一路向张家口行进。之后，再从张家口出发，向西三百里。太阳沉落于千里缥缈风声大语的暮霭之间，在昏黑的旷野上，远望大同车站的灯火，近处的城墙又黑又高。仰望星光灿烂的天空，胸中不禁泛起一阵无法言说的怀想。

清朝的遗风，年年月月都在逐渐荒废。不知到了何时，就看不到这番身姿了。大同以其妇人缠足天下最小而自豪。就像南方的苏

河北昌黎，韩文公祠，1928 年。

韩文公即唐代文学家韩愈，因其祖籍河北昌黎，世称韩昌黎。河北昌黎曾先后建有两座韩文公祠：一在县城，一在城北的五峰山上。后两座韩文公祠相继被毁。

湖南长沙，天心阁，1930 年。

天心阁地处长沙城中心，自明代起就被视为长沙的标志。抗战期间，天心阁毁于大火，新中国成立后重建。

大连西岗子，天齐庙。

江西南昌，百花园，1930年。

南京，秦淮河，1929年。

辽宁海城，魁星楼。
该魁星楼位于今海城市南厝石公园内，始建于清朝乾隆年间，1933年重修，后一度被毁。

吉林农安，古塔，1936 年。

杭州，六和塔，1926 年。

江西南昌，娄妃墓，1930年。
娄妃墓位于今南昌市沿江路。娄妃本系明宁王朱宸濠之妻，明正德十四年(1519年)，传说朱宸濠叛乱时娄妃曾极力劝谏。朱宸濠事败后，娄妃投江自殉，由镇压叛乱的大臣王守仁安葬，后世修建娄妃墓，遂成著名古迹。

山东济南，李攀龙墓，1929年。
李攀龙为明代著名文学家，其墓原位于济南北马鞍山东麓，1975年被毁。

天津，李公祠。
李公祠即晚清重臣李鸿章祠堂。李鸿章于1901年去世后，清政府为表彰其功绩，先后在其家乡和京、津、沪、宁、苏、浙、冀、鲁、豫等任职之处修建了10座祠堂。天津李公祠系清直隶总督袁世凯奉朝廷之命于1905主持修建，占地2万平方米，规模宏伟，民国初年一度开放后花园。抗战期间曾被日伪政权占用，后曾被用作学校，新中国建立后被拆毁。

河北省昌黎城内源影寺古塔，1928 年。

源影寺古塔位于昌黎城内西北隅，始建于金代，高 36 米，为八面十三层实心密檐砖塔。自建成起，此塔曾多次维修，历经风雨、地震和战乱，始终巍然屹立。不过从岛崎役治所拍摄的照片可以看出，民国时期的源影寺古塔已经非常破败。1976 年唐山大地震，古塔遭到更严重的破坏，顶部塔体断裂，塔身严重倾斜，成为危险建筑物。当时，有关方面曾为安全起见一度准备彻底拆除古塔，幸亏在关键时刻被上级叫停。1983—1987 年，经过专业人士的努力，古塔终于得以修复，如今已被列为全国重点文物保护单位。

辽宁葫芦岛万家屯，姜女祠，1935 年。

杭一样，大同是北方的美女之乡。颇具古风的街道上，房子一家连着一家，街上往来的美女们，都穿着尖尖的小鞋。这么小的鞋子载着整个身体走路，看起来真是危险。而对中国风俗有所了解亲近的人，则并没有觉得有什么不自然的地方。因此对于倾慕古代艺术、远道而来的游人来说，看到这一刚消失不久的遗风，也不失为一种趣味。

山西省在秉持新理想的阎锡山的治理下，处处都可以看见一些与其他地方不一样的东西，城门上大字书写的关于新道德的句子便是其中之一。与此同时，也不得不看到他的抱负的另一面。顺着旷野中的道路前行，经过沿途的村子，在连路都不知道的地方跋涉了大约三十英里，从马上回头看，真是一块满目萧条的地方。长长的灰岩丘陵怀抱着一条河，横卧在那里。这就是曾经的北魏石佛所在的云冈。

北魏，在五胡十六国的末期统一了中国的北方，与南方的宋相对，是所谓的北朝。为与曹操所建立的魏国相区别，因此也叫作后魏。他们本是鲜卑族的拓跋一族，因此又叫作拓跋魏。自两晋到南北朝期间，战乱纷争不断，文化艺术也极尽衰微，唯独佛教在这之间流行了起来。即使在魏朝时，皇帝曾要求信仰道教，而对佛教进行压迫，然而仍然不能脱离整个时代的风潮。但凡是都城附近必定会留下伟大的佛教艺术，特别是在首都附近所造的云冈石佛，以及南迁之后，在洛阳龙门附近所造的石佛，令人想起如梦一般逝去的东西，也不禁让人追忆起后魏之名以及佛教之香了。

一千五百年的往昔，如今想来如梦似幻。我们在十里河的滩涂边勒住马，遥望连绵的山丘，如今已是梦的废墟了。山丘的侧面挖掘出了无数的洞窟，洞窟中雕刻了无数的佛像。而那些遭到破坏的地方则仅可以看见一点点了。倚靠着这座山丘，人们曾经修建过多少寺院啊。走进门梁之中，低头只见残迹空余。如今只在一座山丘上有座绿瓦寺庙，匾额上书石佛古寺。

大的洞窟有二十多个，小的则多达数百个。其中一个一个地雕刻出来的佛像里，大的佛像尺寸可以凌驾于法轮寺大佛之上，小的佛像则有几千几万乃至无数。走进其中的一个洞窟，在微暗中擦一擦眼睛，其中数不胜数的佛像在淡淡的光线中浮现出来。或坐或立，或合掌或奏乐，还有一些作舞蹈状。千姿百态的佛像，容貌端庄完美，脸上洋溢着富有人情味的微笑。它们饱含慈爱的目光，投射在我们这些仰望者的脸上。于这种目光之中，人们仿佛忽然感到自己已经忘却了五浊的肉身，逍遥于恍惚之中。魂灵也在某一时刻洗净了六欲的烦恼，陶醉于法悦之境里。法界唱起久远的颂歌，微妙的韵律回旋于耳际。天人散花，五彩缤纷的景象在周围浮动起来。

实际上，云冈佛窟为公元5世纪中叶所造，在中国境内，是仅次于敦煌的最古老的佛窟，结合了印度西域和汉族的艺术手法，是中西美术的精髓。也是之后流经朝鲜，东渡日本，四处花开的佛教艺术的渊源所在，亦是为整个世界所夸耀的顶级宝库。只要曾一度来此参观拜访过的人，任谁都不会否认这一点。然而这等珍贵的艺术宝库，却在此遭遇如此凄惨的境地，这种冒渎，任谁也不得不慨叹。清朝以后的重修，所使用的泥土、工具以及技巧，都极其拙劣，无论如何都将这一神圣的景观变得庸俗了。而西边未曾重修的各个洞窟，则被没心没肺的当地居民当作厩舍和杂物间，每日都在对这些珍贵的文物进行破坏。真希望有心人能尽速对其进行严格的保护。想到当年对神圣的信仰的热衷，古代工人们累时累月的惨淡苦心以及天子行幸之处的豪华穷奢，游子再次张开眼睛，仰看诸佛面容，真有如梦似幻、人世流转之感。

通过这些照片及文章可以看出，当日本的“业余”间谍们穿梭于中国各地搜集情报时，他们的镜头在对准那些名山大川和名胜古迹之余，对于那些重要的历史文化遗迹也格外上心，而他们所谓的考察行动背后，又往往隐藏着不可告人的动机。就拿云冈石窟来说，虽然一些日本考古学家、艺术家对于这处历史古迹的研究与保护做出了贡献，但在日本发动侵华战争后，对云冈石窟大肆破坏乃至盗劫的行为同样层出不穷，他们留下的历史痕迹至今清晰可见。例如京都大学东方文化研究所的水野清一、长广雄敏等人，在抗战期间就利用对云冈石窟进行调查和实测的机会，对部分石窟进行盗掘，获取大量实物资料，如今这些文物仍保存在该所东洋文献中心。

日本自近代以来在对中国发动武力侵略的过程中，也非常重视文化渗透与掠夺，并且常常打着研究、考察等名目予以实施。仅据1945年南京国民政府教育部清理战时文物损失委员会的不完全统计，抗战期间中国被日本劫掠毁坏的公私文物就达360万件又1870箱之多，并有741处古迹被毁！时至今日，在日本全国各地几乎所有大大小小的博物馆中，都或多或少保存有中国的文物。在《亚细亚大观》中，主办方曾先后推出一系列反映中国各地历史文化遗迹的专辑。而通过这些照片以及日本考古学者们撰写的文章，我们可以明显感觉到日本侵略者当时那种妄图彻底征服乃至同化中国的急切心态，这种情形最集中地体现在他们在东北地区的相关活动中。

作为日本军国主义"满蒙生命线"的基地和发动对华侵略的跳板，东北地区的历史文化遗迹也最先遭到侵略者的觊觎和掠夺。甚至早在甲午战争时，日本军队就在东北各地大肆抢劫和破坏中国文物。"满铁"成立后，日本更是以该机构为依托，无视国际法关于战争过程中对人类文化遗产进行保护的规定，公然制定掠夺政策，并设立专门机构对东北的历史文化遗产进行所谓的考古调查。而在这一过程中，许多日本文化界人士都卷入其中，自觉或不自觉地沦为文化侵略的主体。这些文化界人士在政府的支持下，打着各种研究机构的名义开展活动，如东亚考古学会、"日满"文化协会、"满蒙"文化协会、"满洲"考古学会、"满洲"古迹名胜天然纪念物保存协会等。至于以鸟居龙藏和白鸟库吉等人为代表的著名学者，不但充任了《亚细亚大观》这类刊物的顾问，还在这些刊物上经常发表带有殖民色彩的"学术文章"，同样在这方面扮演过不光彩的角色。

作为日本近代最著名的人类学家和东北亚考古专家，鸟居龙藏早在1895年甲午战争刚刚结束后不久，就受政府派遣来到辽东半岛进行考古调查。1905年日俄战争后，他又于1905年和1908年对旅顺、大连、熊岳、盖平、大石桥、海城、辽阳等地进行调查和发掘，并对旅顺、普兰店等地的史前遗址进行发掘。在此期间，出于文化

山东临淄，管（仲）鲍（叔牙）墓，1929年。

吉林扶余，关帝庙，1936年。

南京，方孝孺墓。方孝孺为明初大臣，曾任建文帝的老师。燕王朱棣起兵夺取皇位后，方孝孺因拒写即位诏书而被灭十族。明万历年间，著名戏剧家汤显祖始为其修墓立碑建祠，后清代两江总督李鸿章、民国江苏省省长韩国钧等都曾重修，惜均遭焚毁。

山东青州，范公亭，1929年。
范公亭位于青州市，因宋代名臣范仲淹而得名。当年范仲淹曾以户部侍郎知青州，因其为官清廉，深得百姓爱戴。传说他曾取泉水制药平息瘟病，并在泉上建一座亭子，后世人们便称此处为“范公井”“范公亭”。

朝阳三座塔之一，1929年。
辽宁朝阳原有三座塔，东塔、南塔和北塔，东塔在清朝年间便倒塌，现只余南塔和北塔。

辽宁，朝阳三座塔，1935 年。

热河林东，半截塔，1933 年。

湖南岳阳洞庭湖，白鱼塔，1926 年。

白鱼塔，全名白鱼岐宝塔，原名拱极塔，建于清乾隆初年。塔为七层，八面，高约八丈许，塔顶设有一灯，现已不存。

辽阳，白塔。

辽阳白塔高71米，八角十三层密檐式结构，是东北地区最高的砖塔，建于金代大定年间（1161—1189），因塔身、塔檐的砖瓦上涂抹白灰而俗称白塔。

热河林西，白塔子，1933 年。
此塔位于林西县城东北大约 40 公里处的辽庆陵，为八角古塔。

金福铁路沿线，归服堡城迹，1933 年。
归服堡即大连普兰店城子坦，始建于明永乐二十年（1422 年），有城门一座，土城上悬有“归服堡”石匾。

河北磁州，南响堂山全景。

南响堂山中段窟

南响堂山石窟位于今河北邯郸西南 35 公里处的峰峰矿区鼓山上。石窟始凿于北齐年间，现存 16 窟，大小佛像共 4300 余尊，并有大量石刻经文。石窟规模宏伟，雕刻精致，是目前我国现存的著名石窟之一。

殖民的需要，鸟居龙藏还公然将许多珍贵出土文物盗运到日本。正因如此，当后来他继续开展此类活动时，就时常遭到当地民众的抵制与反抗。1934 年 3 月魏建猷所撰的《日本鸟居龙藏氏调查热河省境契丹文化的经过》一文，就从一个侧面对这种情形有所披露。

自九一八以后，日本满蒙史的研究，突飞猛进，而 1933 年度尤为活跃，几次由著名学者组织调查团，举行大规模的调查与发掘。先是去年五月内，以东亚考古学会为主体，由京都帝国大学教授滨田耕作、金关丈夫、清野谦次、三宅宗悦诸氏组成的考古团，在旅顺郊外方家屯，发掘羊头洼的石器时代遗迹，掘出丰富的石器、土器与人骨。在六月有东京帝国大学教授池内宏、原田淑人诸氏，在宁古塔南十里地方，调查发掘存在于东京城的渤海国首都上京龙泉府的遗迹。他们第一步是从事于宫殿址的发掘，城内寺院址及其他的调查。已经掘出建筑物的一部、瓦类及其他等物。特别是从城内发现为当时民众住址的竖穴的遗迹。同时参加这次发掘的驹井和爱、水野清一两氏，在东京城的发掘后，又去调查昂昂溪的细石器遗迹。从八月到十月有德永氏主领的热河自然科学调查队，东京帝大人类学教室的八幡一郎氏也参加去工作，在北票、承德、滦平、赤峰、辽河流域一带地方，采集多数土器、石器类的遗物，关于热河省古文化的研究上，获得不少的新资料。又从八月至十二月有鸟居龙藏氏全家去调查热河省内的契丹文化。

这次是以他的一个家庭为单位而组成的调查团。全体团员四人，鸟居氏两夫妇外，则有他的儿子龙次郎、女儿缘子。一家人分别担任的工作是，鸟居氏自己任总体的研究，夫人任租售，缘子任绘图及摹写，龙次郎任摄影及拓片。

他们是私人的学术研究上的调查工作，经济上当然不能十分宽裕，只从外务省对华文化事业部领到二千元，再由其他方面受到若干的惠赠，在这样的经济状况之下，要做五个月的调查工作，事实上是很艰苦的。然而竟能达到美满的结果，这是因为得到各方面的竭力帮助。在旅途上，交通局对于他们的行李特别给予便宜，到热河后，关东军的特务机关、兵站监部、各守备队，对于他们特别帮助，并且特别加以注意护卫。在某种时期又把汽车及军用转运汽车给他们随便乘驶。所以在时间上经济上都能节省不少。

调查时的衣服饮食，所谓随乡入乡，在一切的调查中，着中国服和蒙古服。食物，走到蒙古人的地方就吃蒙古人的饮食，走到中国人的地方就吃中国人的饮食。

有一次是中国厨子计划着放火烧掉帐幕，把他们烧死，不料被蒙古兵发觉，那个厨子便在夜里逃走了。最后是蒙古兵在附近的山上发现中国义勇军二百余人，护卫上颇不安心，于是不得不赶快回到白塔子，经过林西县乌丹城，于十一月十日回到赤峰。(《燕京学报》第 15 期，1934 年 6 月出版)

与鸟居龙藏相比，号称日本东洋史泰斗的白鸟库吉（1865—1942）与日本的对华文化侵略政策关系更为密切。1906 年“满铁”成立后，为了替日本在东北的殖民政策寻找理论依据，时任东京帝国大学教授的白鸟库吉几乎是第一时间给“满铁”首任总裁后藤新平写了一封意见书——《满洲历史编纂之急务》。

经过两次大战，我国在东洋的地位渐趋提高，其责任日益重大。值此之际，从长远考虑，乃为完成战后之经营，树立国家百年之大计。关于东洋事物——学术上的调查、研究之事尚有不足，对亚洲学界计划实施之事业虽然颇多，但以往研究拘于最近战争及爆发之原因。今后我国尽力经营之任务在于满洲地方的研究，此最为迫切、紧要。

此研究在任何方面来说，在于探究历史由来，追根溯源，了解事物真相。世间至今没有看到对满洲进行研究的历史资料，不但在我国，即使在中国和欧洲也未曾听说满洲历史这一说法。 这不仅是学界的一大憾事，对我国家对此经营上来说也是一大缺憾。可以说，满洲史的研究，真正意义上满洲历史的编纂是眼下最为迫切之任务。

满洲地方史，事关国家永久之图谋，通过这些不可疏略的重要史料，可探视自古以来在此地若干兴亡民族势力消长之线索，以此来考察历史。满洲之地实为东洋祸乱之源，西与蒙古草原相对，南与中原互动，东南与朝鲜半岛首尾相连，其影响直接波及我国……

以上所说，简而言之，满洲之地是汉民族、北方诸多少数民族和朝鲜族的会合点，一旦拥领此地便常常威胁四邻，使东亚的政局发生动荡。朝鲜半岛是南下的要塞，使其降服，必然对我国造成重大影响。扶余、靺鞨自古以来至近期的清、俄时期，虽然并非同一民族，其兴亡消长的线索也不相同，但是大势所趋，却是常常如出一辙，世间最恰当的事例就是历史的反复。如果能够做到以史为鉴，掌握满洲历史是重大的任务。我国民应该详细探究其由来，洞察其形势，这不只在满洲经营上，而对于在东洋之国、亚洲文明上具有指导天职的我国的全面政策上来说，乃是必需的事业。满洲史的研究并不仅仅是学者的职责，亦是担当国家经营责任施政者的职责、国民的义务……

如今，西方学者对东洋事物进行研究的很多，也取得了一定的成绩，所发现的线索也很多，而我们东洋国家在这方面却落在他人后面。现在对满洲的研究，如果我们日本人不去进行，就要被西方人抢先。满洲是我国民经营之所在，在其研究上我们日本人更具有优越的条件。然而，光阴荏苒，我们至今尚未着手进行。欧洲人一旦对此事业进行研究，那真是我国学界的一大耻辱，国民的一大耻辱。如果没有人考察满洲的真相，就不能揭示其形势变化，就不能选择正确的经营之路，必然对国家的百年大计带来负面的影响。如此一来，这不仅是学界的耻辱，实际上与国家的盛衰关系非常大。我深切地感到满洲史的编纂日益迫切，是当前的急务。

在这份意见书中，白鸟库吉不仅从学术的角度阐述对中国东北历史地理进行研究的重要性，而且特别强调这事关日本在中国东北的殖民统治，呼吁政府予以重视并提供经费支持。由于他的思想正好与后藤新平对华“文装武备”的殖民思想相吻合，因此“满铁”很快便于1908年1月成立了直属的“满洲和朝鲜历史地理调查部”，

黑龙江，会宁，五国城址云渊碑，1928年。
五国城为金国故都，在今哈尔滨市阿城区西云显山，宋徽、钦二帝被金人俘后，即被安置于此处。照片中的“云渊”二字相传为徽宗手书。

而白鸟库吉则是主要创办人。在他的主持下，该机构吸收了一批从事文化、政治、历史、地理研究的日本学者。白鸟库吉本人更是身体力行，于1906年和1909年两度前往中国东北地区考察渤海旧都及金上京遗址，并在此基础上发表了一系列鼓吹“满蒙独立”的研究报告，成为替日本国策摇旗呐喊的工具。虽然“满洲和朝鲜历史地理调查部”1914年因经费原因停办，但“满铁”其他部门仍在继续对中国东北地区进行历史地理的调查和考古发掘。而到“九一八事变”爆发后，白鸟库吉等人的项目又一度得到日本政府的赞助，继续打着“文化研究”的幌子，密切配合本国的对华侵略与殖民政策。

第七章

罪行的供状

《亚细亚大观》刚刚创刊发行的 1924 年，最初各辑照片的主要内容比较单调，除了旅顺、大连及其周边地区的城乡面貌、风土人情之外，与日俄战争有关的历史遗迹也占了很大篇幅。而纵观后来 10 多年间岛崎役治等人的拍摄行踪，我们常常能够发现，他们所到之处，总会将体现日本军人“战功”的建筑摄入镜头，无论是战场遗迹、纪念碑、墓地乃至殖民“成果”，都成为他们竭力宣传的对象。无论是从历史还是现实的角度而言，发生在一名日本间谍摄影师身上的这种现象其实并不难理解。众所周知，日本文化中有所谓“武士道”精神，特别是明治维新以后，利用武力对外扩张从而侵略与征服他国，很快就成为日本的基本国策。于是在军国主义和殖民主义的民族情绪驱使下，日本举国上下都开始有意识地建造军事纪念物。经过数十年的营造，不但日本国内建造了数以万计的各类人物塑像、纪念碑塔和神社，军国主义势力还在海外势力范围内有意识地建造军事纪念物，借以宣扬日军“武威”“大和魂”，神化天皇，为其侵略和统治服务。然而在历史的审判台前，当年日本当局在中国大地上修建的众多彰显其“丰功伟业”的纪念建筑，后来恰恰成为其侵华行径的最有力证据，也是他们自身无意间留下的难以否认的供状。如今时过境迁，在历史长河的涤荡下，这些侵略者的罪证也大多由于种种原因而销声匿迹了，并渐渐被国人遗忘。而多年以后，当我们重新面对这些当年侵略者耀武扬威地拍摄下的照片时，是否会有别样的心绪？

水师营会见所，日俄战争遗迹之一。
1905年1月2日，日俄两军代表在旅顺水师营签署文件，俄军宣布投降。5日中午，日军第三军司令乃木希典大将与俄军关东军防区司令斯特塞尔中将在水师营的一处民居内会见。日俄战争结束后，日军从其房主李其兰手中收购了这处房产，作为宣扬“战绩”的永久纪念物。后来，他们又在院内建立了一座石碑，上题“水师营会见所”字样。在日本统治旅顺的40年间，“水师营会见所”一直是保留的“战迹”之一。

牡丹江，依田旅团“战迹”纪念碑，“九一八事变”时日军的“战迹”之一，1934年。

长春郊外，南岭“战迹”纪念碑，“九一八事变”时日军的“战迹”之一，1936年。

长春郊外，南岭“战迹”，“九一八事变”时日军的“战迹”之一，1936年。1931年9月19日凌晨，日军出兵偷袭了东北军长春南岭大营，当天下午5时长春即告陷落。此战日军亡43人，伤55人，东北军阵亡200人，是“九一八事变”之初最激烈的一次战斗。

东鸡冠山炮台现状，日俄战争“战迹”之一。

旅顺东鸡冠山北炮垒内部，日俄战争“战迹”之一。

闭塞队纪念碑，日俄战争“战迹”之一。

在日俄战争中，日本为了取得制海权，打败俄国太平洋分舰队，于1904年2月24日、3月27日、5月3日分三次沉船堵塞旅顺港口航道，但均以失败告终。其中在3月27日实施第二次闭塞港口作业时，日舰“福井丸”被俄军击沉。日俄战争后，日军专门将“福井丸”沉船铁描打捞出水。1916年10月，“满洲战迹保存会”在旅顺港口西侧修建了一座卷锚机式的纪念碑。

辽宁营口，大石桥“战迹”，日俄战争“战迹”之一。

旅顺东鸡冠山北炮台，日俄战争“战迹”之一。

辽宁大连，大长山“战迹”纪念碑，日俄战争“战迹”之一，1931年。

一、侵略“战迹”

在《亚细亚大观》上刊登的反映日本对华侵略“战功”的照片，内容最多的当属日俄战争遗迹。这些遗迹主要分布在东北各地，尤以旅大地区最为集中。爆发于1904年的日俄战争原本是日本与沙皇俄国为了争夺中国东北权益而进行的一场帝国主义战争。这次主要在中国本土上进行的战争，持续时间长达一年半之久，给东北地区人民造成了巨大的灾难。1905年9月5日，在付出了巨大的伤亡之后，日本终于迫使俄国签订了《朴次茅斯和约》，从而攫取了在东北的巨大利益。正是由于这场战争的胜利，日本一跃跻身于世界强国行列，成为东亚霸主。受此鼓舞，日本国内对殖民侵略扩张的狂热情绪进一步高涨，而所有在战争中丧生的军人都成为“英雄”。因此日本当局便开始竭力美化这场战争，试图通过修建各种军事纪念物来对其国民进行“爱国主义”教育。

早在1913年，日本关东都督福岛安正、旅顺镇守府司令坂本一、“满铁”总裁中村是公就发起成立“满洲战迹保存会”，筹备在当年日俄交战的旅顺港、东鸡冠山、盘龙山、一六四高地、老虎沟山、南山坡山、二〇三高地、大顶子山、二龙山、松树山、火石岭子等地点修建纪念碑。这类计划很快得到日本国内的大力支持，因此在之后短短5年间，日本在华机构就建立“战迹”纪念碑共45处。为了对青少年和国民灌输军国主义思想和进行武士道精神教育，日本在华机构甚至不惜斥巨资铺设了长约30公里的环旅顺日俄战争主要战场遗址的柏油路，从国内组织大批国民前来朝拜，为侵略者祭祀招魂，并开发出一系列所谓的“圣地战迹游”项目。例如在1932年开辟的“旅顺战迹巡礼线”，从旅顺营业所出发，经二〇三高地、白玉山、东鸡冠山北堡垒等处，行程22.1公里，行时1小时20分钟，停车说明2小时50分钟；另外还有从大连市区通往二〇三高地、

二○三高地，日俄战争“战迹”之一。

二○三高地因山高海拔 203 米而得名，位于旅顺太阳沟西北部，是日俄争夺旅顺的主要战场之一。1904 年 9 月 19 日至 12 月 5 日，日俄双方在此反复争夺，俄军伤亡 5000 多人，日军伤亡 1 万多人。日俄战争结束后，日军统帅乃木希典改山名为“尔灵山”，并为子弹形的纪念碑题名。

重炮兵观测所址，日俄战争“战迹”之一。

热河省赤峰，日军入城纪念碑，1936 年。

“九一八事变”之后，日军又继续向热河发动侵略。1933 年 2 月下旬，日军第六师团向赤峰发动进攻，并于 3 月 4 日占领这座军事重镇。同年 11 月，日军在赤峰市区中心三道街十字路口西侧修建了这座“入城记念碑”。

东鸡冠山、白玉山、二龙山、松树山、水师营等共计 6 条约 3 公里长的“战迹线”旅游道路。为配合这类“战迹圣地游”，日本在华机构还发行了大量日俄战争遗迹明信片，其内容涵盖日俄战争有关战场遗址及纪念碑，同时也不乏日本陆、海军官兵在此列队参拜的画面。

当《亚细亚大观》于 1924 年刚刚创刊发行时，岛崎役治等摄影师的拍摄范围显然还很有限，基本上只能在“满铁”本部所在的旅顺、大连地区一带活动。因此除了将镜头对准当地的城乡面貌和风土民情之外，那些新近完工的殖民建筑和日军“战迹”自然成为他们从容面对的对象。例如《亚细亚大观》第 1 辑（1924 年）中，照片内容就有大连正金银行分行、朝鲜银行分行、警察署、五国饭店、星浦公园、电气游乐园、港口事务所、“满铁”本社、民政署市役所等，以及水师营会见所、旅顺“表忠塔”、东鸡冠山北炮垒、闭塞队纪念碑、大石桥“战迹”等军事纪念物，而在第 6 辑（1929 年）中，亚细亚写真大观社更是连续刊行了好几期“日露（俄）实战印画”。

1931 年 9 月 18 日，日本关东军悍然发动“九一八事变”，从而揭开了大规模侵略中国的序幕。而更无耻的是，在占领东北之后，日本当局竟然在其制造假现场的柳条湖爆破地点附近修建了一座“满洲事变”纪念碑。在侵略东北的过程中，日本军队在很多地方都遭到了中国军民特别是东北抗联的顽强抵抗，伤亡惨重。1941 年 7 月，日本关东军为纪念针对东北抗联的“讨伐东南满行动”，在吉林建立了“进驻纪念碑”。当伪满洲国于 1942 年举行所谓“建国 10 周年庆典”时，日本当局特地指定建造了 51 处“建国史迹”，其中就包括宽城子、北大营、嫩江、安古镇等 9 处“战迹”。

除了在东北地区数量众多的侵略战争纪念地之外，日本发动全面侵华战争之后，又相继在华北、华中、华南乃至香港、台湾等地修建了多处“战迹”纪念地。例如为纪念 1936 年 12 月日本海军陆战队在塘沽登陆修建的“大日本海军陆战队先登纪念碑”；为纪念占领上海，日军于 1938 年 2 月在吴淞炮台遗址开始修建“圣战纪念塔”。据有关学者统计，仅在华北地区，日军先后建成的“战迹”纪念碑就有在卢沟桥、沧县、运城、清化镇、保定、临汾、开封、南苑、娘子关、灵石、张店、潞安、八达岭、张北、大同、平地泉、厚和浩特（归绥）、包头、芝罘、威海卫等地的 20 座。

旅顺，望台炮台，日俄战争“战迹”之一。

松树山堡垒，日俄战争“战迹”之一。

盘龙山现状，日俄战争“战迹”之一。

白银山炮台，日俄战争“战迹”之一。

小案子山炮台，日俄战争“战迹”之一。

椅子山炮台，日俄战争“战迹”之一。

二、战死者纪念建筑

日军在炫耀侵华武力的同时，还在占领区大肆为其战死者修建各种所谓的“忠灵塔”“忠魂碑”。对于日本军国主义而言，为战死者建塔立碑以安放其骨灰，表彰其“功绩”，无非是为其侵略行径贴金，为其官兵打气。远在 1895 年甲午战争期间，为了纪念被清朝军队处死的三名本国间谍——山崎羔三郎、钟崎三郎、藤崎秀，日军在占领金州后就将他们的遗骸埋葬在金州城北虎头山上，并将此山改名为“三崎”山，还在城西门外玉皇庙附近建起一座“三崎处死地纪念碑”。不过由于很快日军退出辽东半岛，占领了旅顺、大连的沙俄当局随即将纪念碑及墓地毁掉。直到日俄战争结束后，重新占领旅大地区的日本当局又再次修建了“殉节三烈士碑”。1906 年，为了纪念在 1900 年镇压义和团中战死的官兵，日本天津驻屯军就在其租界大和公园内修建了一座“北清事变忠魂碑”。

与修建各种“战迹”类纪念建筑一样，日本在中国修建战死者墓地的高潮也始于日俄战争。战争刚刚结束，1905 年 11 月，日本当局就在旅顺城中的白玉山主峰上修建了一座“神社纳骨祠”，用于安放 22723 名战死官兵的骨灰。随后在日军统帅乃木希典的提议下，为了美化自己的侵略成果，日军又决定在白玉山修建一座“表忠塔”，以示对阵亡官兵的纪念。为了完成这项工程，日本从国内募集了高达 25 万日元的巨款，先后有近三千名工匠参与建设，施工周期从 1907 年 6 月 20 日一直持续到 1909 年 11 月 12 日才完工。据记载，为了突出这座塔的特殊历史意义，所选的石料基本都来自乃木希典家乡日本山口县德山冲黑发岛所产的花岗岩，而塔基下面用以铺地和砌筑道路两侧石墙的石料则来自于在旅顺港闭塞行动中自沉的日舰上所装配的花岗岩。由于工程艰巨，先后竟有 30 余名施工者丧生。

呼伦贝尔，“荒木大尉战死之地”纪念碑，1934 年。
1932 年 12 月 3 日，在呼伦贝尔日军进攻苏炳文抗日救国军的战斗中，日本军官荒木克己为阻止救国军的进攻被列车撞死。

海拉尔，“松原公园忠魂碑”，1934 年。

延边四县“殉职昭忠”之碑，1936年。

1931年“九一八事变”后，延边四县（延吉、和龙、汪清、珲春）的人民群众抗击日寇，打死了许多日军与汉奸，日本当局后来在延吉修建了此碑。

关东军陆军步兵少尉石本权四郎“殉职”之地

石本权四郎，日本特务，精通汉语，“九一八事变”前夕经常化装成中国人，到辽宁、热河等省刺探情报。“九一八事变”后，石本被任命为义县、北镇、锦县一带的联络员，试图诱降热河军政首脑汤玉麟归顺伪满洲国。朝阳县义勇军李海峰部得知消息后，于1932年7月17日在火车上将其秘密抓捕，12月11日在朝阳县将其枪毙。1933年3月，关东军在石本毙命之处设一墓碑，碑上写着“关东军嘱托陆军步兵少尉正八位勋六等功五级石本权四郎殉职之地”。

日本居留民之墓碑

“旅顺白玉山表忠塔”

“旅顺白玉山表忠塔”

“白玉山表忠塔”由东乡平八郎和乃木希典发起修建，1909 年 11 月完工。塔高 66.8 米，塔内设置螺旋铁梯，可达塔顶。

1909 年 11 月 28 日，白玉山“表忠塔”正式落成。整个塔身呈蜡烛状，寓意祭奠战死者的长明灯永不熄灭。在此后 30 多年间，这里便成为侵华日军最重要的战死者祭奠场所和宣扬日本国威的“战迹旅游”景点。

“九一八事变”后，随着对东北的全面占领，日本又在伪满洲国的土地上大肆建造所谓的“忠灵塔”，其功能则集参拜、收骨、祭祀于一体。1934 年 11 月，旨在祭祀自“九一八事变”以来“尽忠殉国烈士之英灵”的新京“忠灵塔”在长春建成，这也是东北地区日本侵略者的第一座“忠灵塔”，该塔由雪野元吉设计，塔体为钢筋混凝土结构，底层为纳骨堂，供奉亡者骨灰及代表战神的日本刀，塔前为占地 3 万余平方米的广场。此后在日本关东军的主持下，又先后在旅顺、大连、辽阳、奉天、安东、新京、哈尔滨、齐齐哈尔、承德等地修建了类似的“忠灵塔”。这些“忠灵塔”建成后，日伪方面每年都要举行 20 多次大大小小的祭祀活动，一方面慰藉亡灵，一方面也借机大肆鼓吹武士道精神，号召为建立“王道乐土”而尽忠效力。

1939 年 7 月，日本政府成立“大日本忠灵显彰会”，号召全体国民积极行动，集资在中国战地大量兴建“忠灵塔”。而在此之前的 1938 年 2 月，刚刚占领上海 3 个月后，日军就在上海大场镇淞沪战役旧址建造了“表忠塔”。1939 年，在“中支那忠灵显彰会”的主持下，上海广中路海军“表忠塔”、南京菊花台第十军“表忠碑”、南京大校场机场海军航空战“表忠塔”等相继建成。另外，日军还在占领下的北平、张家口、香港等地修建了“忠灵塔”，在天津、太原、石门、徐州、连云港、青岛、济南等地修建了“忠魂碑”。与此同时，为了合祭死于战争的伪军、汉奸，日本还指使各地伪政权在新京（长春）、厚和浩特（归绥）、张家口、北平、天津、太原、石门、连云港、徐州等地建造了类似于“忠灵塔”的“供养塔”或“忠灵庙”。

1940 年 8 月，在日本的操纵下，“伪满”政权修建了“新京建国忠灵庙”，作为日伪战死者的合祭场所。1940 年，时逢日本纪元 2600 年，在日本关东军的安排下，“伪满皇帝”溥仪访问日本，回

哈尔滨火车站，伊藤博文遇刺地，1934年。1909年10月26日，在中国东北的哈尔滨火车站，日本重臣伊藤博文前来与俄国财政大臣会谈时，在欢迎仪式上被朝鲜义士安重根刺杀。

新京（长春），“忠灵塔”，1936年。

“烈士殉难”之碑，中村震太郎被处死之地。

“敦图线建设殉职者吊魂碑”，1933 年。1931 年 12 月 7 日，为修建敦图铁路，由“满铁”社员 18 人组成的测量队在明月沟（今吉林省安图县）山中进行铁道线测量时，遇到中国抗日武装王德林部袭击，日本人中村岩藏和伊藤万次当场被打死。事后，日本当局在明月沟为其设碑纪念。

大连“忠灵塔”

两“烈士”（中村震太郎与井衫延太郎）遭难地
1931 年 6 月，日本陆军大尉中村震太郎携助手井衫秘密潜入中国兴安岭地区进行兵要地志调查，结果被中国军队捕获并秘密处决。由于“中村事件”被日本侵略者视为“九一八事变”的导火索之一，因此在占领东北后，日军对其进行了“隆重”的纪念。

北京，日本驻华公使馆内，为因镇压义和团而被打死的小岛正二郎设立的纪念碑。

乃木保典战死之所
在 1905 年日俄战争中，日军统帅乃木希典的两个儿子胜典和保典分别战死在南山和旅顺的二〇三高地。

内蒙古，索伦郊外，中村、井杉“纪念”地，1934 年。

“一文字山纪念碑”
一文字山，是卢沟桥事变时中国守军二十九军的一处阵地，处于宛平与北平联络的咽喉地带。鉴于卢沟桥事变的特殊历史意义，日军占领阵地后，在这里修建了纪念碑。

来后便着手在伪皇宫的东南角修建一座“建国神庙”，用以供奉天照大神。不仅如此，“伪满”政权还奉命效仿日本靖国神社，再修建一座“建国忠灵庙”，专门用来祭祀自“九一八事变”以来战死的2.4万名日伪军警亡灵。“建国忠灵庙”位于新京市大同大街南端，占地面积45.6万平方米，总投资高达160万日元，1940年9月18日正式落成。为了鼓吹侵略，宣传殖民思想，日本侵略者将能纳入“建国忠灵庙”供奉的“神灵”宣传为一种特殊的荣誉。为此，他们还要求傀儡皇帝溥仪按照“祭祀令”的规定，仿照日本天皇参拜靖国神社的做法，亲自参加“建国忠灵庙”历年所举行的“合祀祭”和“临时大祭”。日本人之所以安排溥仪亲祭“建国忠灵庙”，就是企图在整个伪满洲国推行奴化教育政策。

哈尔滨郊外“志士之碑”，1934年。
1904年日俄战争爆发后，为切断沙俄军队的后勤补给线，日本驻华使馆派出一支6人组成的特务小分队潜赴黑龙江，企图炸毁东清铁路嫩江大桥，结果还未行动，其中化装成喇嘛的冲祯介、横川省三便被俄军捕获，随即在哈尔滨被处决。“九一八事变”后，日军占领哈尔滨，即在此二人尸骨埋葬处修建了一座墓碑。

“间岛事变纪念塔”使用地
所谓“间岛”，即假江，是日本为侵略中国领土强加于吉林省延吉、汪清、和龙、珲春地区的名称，原本为图们江北岸吉林省延边地区和龙县光霁峪前的一处滩地。清朝末年，由于朝鲜百姓常越境开垦，因而造成民间一些纠纷。1904年签订的《中朝边境善后章程》明文规定“间岛”即假江之地属中国领土。日俄战争后，朝鲜沦为日本之保护国，日本侵略者开始染指延边地区，强行将“间岛”的范围扩展到包括延吉、汪清、和龙、珲春等四县在内的广大地区，并制造“间岛问题”事件，企图实行军事侵略，并强行设立领事馆、警察署等机构，不断挑拨民族关系，制造流血冲突，镇压中国民众的反抗。

三、殖民“业绩”

从1905到1945年，日本侵略者以刺刀开路，在中国东北地区实行了长期的殖民统治，其势力范围也从“南满”扩张至整个伪满洲国。在“满蒙生命线”战略的主导下，日本疯狂地掠夺资源，残酷镇压中国人民的反抗，用心险恶地发起大规模移民行动，妄图将东北作为支撑其对外战争的后方基地。与此同时，侵略者又采取各种手段粉饰太平，在东北推行奴化教育政策。正是基于这一出发点，在岛崎役治等人的镜头下，有很多反映日本侵略者殖民“业绩”的照片。通过这些照片，我们可以看到大连的广场、长春的街道、移民村落的田园风光乃至所谓的“中日鲜”（即日本殖民者指称“伪满”、日本、朝鲜的说法）各民族的和谐共处……所有这一切，无不显示着殖民者刻意营造的假象的拙劣。

作为一个人多地狭的岛国，日本自近代以来一直试图寻找新的生存空间，从而达到其攫取海外资源和转移国内劳力的双重目的。因此1905年日俄战争刚刚结束，时任日本陆军参谋长儿玉源太郎大将就提出了战后经营“满洲”的构想。不久之后，首任“满铁”总裁后藤新平便主持草拟了一份《满洲经营梗概》，首次以官方的口吻提出要向中国东北地区大规模移民。在此基础上，日本一些军政要员当时曾提出20年内向中国东北移民100万人的倡议。1914年，在关东州总督福岛安正的推动下，山口县爱岩村及下川村的19户农民移入土地肥沃、气候适宜的大魏家屯，并将这里命名为爱川村，这也是日本向中国东北移入的第一批农业移民。“九一八事变”之后，随着整个东北被占领，日本的农业移民规模也迅速扩大。根据关东军制定的《关于满洲移民要案》，日本政府决定采取屯田兵制的方式，首先移入武装移民，以“确保农村纵深地带及边缘地区的

生疏里，建于1934年的日本移民村，在阿城天理村（今哈尔滨市道外区民主乡光明村天里屯），1036年。

日本移民村，哈尔滨郊外天理村一角，1936年。

移民村远眺，1936年。
照片原说明赤裸裸地宣称，人口过剩已成为祖国（日本）的一大负担，因此为了解决这一问题而实行了武装移民政策，自1934年11月以来效果显著。

延吉龙井村
集市，1932年。

延吉龙井村集
市，1932年。

大黑河中央
大街，1934年。

治安”。1932年，在政府鼓动下，许多日本在乡军人踊跃报名。他们先在国内进行了二十余天的训练后，于10月14日到达佳木斯市。1933年2月11日，在日本军队的保护下，这支移民队伍进入佳木斯的永丰镇，建立起日本武装移民的第一个据点——弥荣村。1933年7月，第二批日本武装移民进驻距永丰镇40公里的千振村。截至1936年7月，日本先后共组织了五批武装移民，总计三千余人。这些武装移民抵达东北后，在日本刺刀的保护下强占当地农民耕地，盘剥欺压中国百姓，无恶不作，因此遭到中国民众的强烈反抗。最终这波所谓的“武装试验移民”宣告失败。而在《亚细亚大观》中，岛崎役治等人为了宣扬本国的殖民统治，鼓动日本国内民众，居然不顾事实极力美化这些移民村。在他们的镜头下，这些移民村俨然是一派田园牧歌景象，生活在这片土地上的人们都其乐融融。殊不知在照片的背后，日本殖民者对当地中国百姓竟犯下了累累滔天罪行，这些“祥和”的画面又掩盖了多少血与泪！例如为了宣扬日本在伪满洲国的殖民“业绩”，《亚细亚大观》在1935年和1939年分别刊登了岛崎役治撰写的《乐土满洲》和森田富义撰写的《满洲古都风景》两篇小短文。而为了宣扬所谓的“日满一体”，该刊还于1940年推出了《日本人和满洲民族的共同点》这样无耻的文章！

乐土满洲

建国四年来，满洲主要城市都在近代化之路上跃进，经济的发展令人瞩目，完备的铁路、汽车、道路等交通网在千古密林深处南北延伸。直通云际的旷野在黎明里开满了缭乱的满洲国文化之花。如今日益进步的满洲让人想起已往，惨淡的光景浮现在眼前。中央政权的压迫、繁重的赋税、横暴的军阀、肆虐的匪徒，与如今秩序井然、散发着王道乐土的和平光辉的乐土满洲简直天差地别。更别提在曲折变迁的历史中终于实现的五族协和了。更有趣的是，无法回归故国的数万俄罗斯侨民来满洲生活，也有幸沐浴在王道的慈光之中。

满洲国现在有三千万人口，其地域的广大大概是日本的两倍，有肥沃的未垦地、古老的原始森林、各种矿产，以及河流湖泊中蕴藏的大量渔业资源。在这片富饶的土地上，杂居着许多民族。其中有两千几百万普通满洲人，他们主要是汉族移居者，朝鲜人约有数百万，日本人二十多万，俄罗斯人十万，另外还有蒙古人、满洲旗人，生活在黑龙江上游兴安岭山中至今未开化的厄鲁特人、布里亚特人、达斡尔人、巴鲁卡人、鄂伦春人、索伦人等原住民。

如此杂多的人种，风俗习惯、语言都大为不同，但各民族在自由和平、爱与正义的念头下，和谐地安住在一起。所有满洲国的百姓如今都沐浴在王道的慈光下，广袤无垠的国土上满溢着欢乐的气氛。如今本社摄影师带着照相机去郊外采风，从本月号的照片内容如满洲的土俗、风俗、满洲古代的形态等专题中，都能看到乐土满洲现状的局部呈现。

满洲古都风景

本辑照片介绍辽阳、开原、公主岭、吉林四个地方。这里有满洲三大古都，更有许多历史上相当著名的城市，所以笔者认为有必要介绍。辽阳是古都，吉林是清朝始兴之地，公主岭更是很出名的。辽阳在距今八百年前的辽金时代是号令中国四百多州的地方。如今残存的白塔是很有名的，乘汽车的旅人眺望白塔，想着辽阳城往日政治、经济、文化、宗教繁盛的样子。城外数里地特产很多，并且发现有很多日本人的墓碑，能由此知道这里和日本贸易很多。公主岭是蒙古王的领地，照片说明的公主陵就是这个王的墓，现如今是为满洲国的农业发达做了很多贡献的农事试验场。

开原能看到很多新开发的街道，相比作为旧都的开原，这里如今是土特产品的集散地，附近的大豆都汇集到此地。一时成为日本从此地获取物品的必经之地。

古都吉林是满洲国旧都，有着古老而具有历史底蕴、高雅的街道。放眼整个满洲国内，像吉林这样山清水秀、地理条件优越的城市几乎没有。城外有孔子庙、关帝庙，北山也有寺庙，是俯瞰市街和欣赏松花江美景的好去处。

大连大广场，1924年。这是日本侵华时期自诩的最文明的新式市街，周边有正金银行、朝鲜银行、民政署、市役所、邮政局、法院、警察署、中国银行、英国领事馆等规模较大的建筑物。

伪“冀东政府”，1936年。

新京（长春）的中央大街，1936年。

日本人和满洲民族的共同点

在中国和满洲旅行的人，都能发现中国与满洲的不同，以及满洲和日本人的相似之处，这是奇异的感觉。例如通过对比满洲人的住宅即“家”与日本人住宅的门就可见一斑。二者十分相似，基本都与日本神社鸟居的样子接近，而这也成为历史学家和建筑学家都感兴趣的研究资料。令人感到有趣和奇妙的还有黑龙江省齐齐哈尔郊区昂昂溪的寺院，全然是日本神社风格的建筑，这同样使历史学家和建筑学家都感到不可思议。满洲的民族建筑风格、生活形态也与日本相似，而这些在汉族生活的地方则全然看不到。在历史上，满洲作为满族人的发祥地，和日本有什么关系？与日本建筑物的共同点是从何而来？目前都还没有正确的认知。

本刊照片显示的这些相似的建筑，如今吉林省、关岛省、牡丹江省等都有。共同点有农家、寺庙、门、山中的鸟居，满族语言、传说等很多方面。现在，满洲国建国、日满同心同德，日满关系日益紧密，看来并非是偶然的结果……特别是诸种共同点发现之后，这种感觉更加深入了。这些都是政府推动向满洲工农商业移民时应该考虑的，要更加努力才能达成目的。

1935 年 7 月，日本政府正式出台《关于满洲移民根本方针文件》，计划从 1936 年开始，以 5 年为一期，先向中国东北移入 10 万户农业移民，在此基础上用 20 年时间向中国东北移民 100 万户，总计 500 万人！不过由于中国人民的抵抗以及太平洋战争爆发等原因，实际上这项计划最终不了了之。据统计，从“九一八事变”到日本战败投降，日本总共向中国东北移民约 27 万人。

值得一提的是，1945 年日本战败投降后，那些被蛊惑到中国东北的日本开拓团移民顿时面临悲惨的境遇。当时，由于移民村绝大多数青壮年充军上了前线，剩下的基本是老弱妇孺，结果在日本战败后撤退回国期间，许多人受尽磨难死于非命，甚至有些人在开拓团长的率领下集体自杀。至于有些被遗弃的日本孤儿，更成为后来中日两国关系史上一个令人唏嘘的话题。

参考文献

乌丙安、李家巍主编《窥伺中国：20世纪初日本间谍的镜头》，辽海出版社，2000年1月。

孟国祥:《大劫难：日本侵华对中国文化的破坏》，中国社会科学出版社，2005年3月。

吴童:《谍海风云：日本对华谍报活动与中日间谍战》，中共党史出版社，2005年8月。

张承钧主编《强盗自白：来自日本随军记者的秘密照片》，台海出版社，2000年8月。

秦永章:《日本涉藏史：近代日本与中国西藏》，中国藏学出版社，2005年8月。

常家树:《日本侵华间谍与谋略》，辽宁大学出版社，1994年12月。

戚厚杰:《谍影：日本侵华中的间谍秘档》，台海出版社，2013年6月。

萧宇:《日本特务在中国》，团结出版社，1995年10月。

戚厚杰等编著《日谍在中国（1895—1945）》，河北人民出版社，2009年10月。

日本沪友会编《上海东亚同文书院大旅行记录》，杨华译，商务印书馆，2000年1月。

杨栋梁:《近代以来日本的中国观》第1卷（总论），江苏人民出版社，2012年6月。

〔日〕芥川龙之介:《中国游记》，秦刚译，中华书局，2007年1月。

逄复:《侵华日军间谍特务活动记实》，北京出版社，1993年12月。

〔日〕小林爱雄、夏目漱石:《中国印象记：满韩漫游》，李炜、王成译，中华书局，2007年4月。

〔日〕小泽正元:《内山完造传》，赵宝智、吴德烈译，百花文艺出版社，1983年3月。

曹聚仁、舒宗侨:《中国抗战画史》，联合画报社，1947年5月。

〔日〕内藤湖南、青木正儿:《两个日本汉学家的中国行记》，光明日报出版社，1999年9月。

〔英〕理查德·迪肯:《间谍秘史：日本间谍惊人成功的奥秘》，王殿忠译，军事科学出版社，1989年10月。

宗泽亚:《清日战争（1894—1895）》，世界图书出版公司，2012年4月。

"满蒙"资料协会编《满洲绅士录》(昭和12年版)，"满蒙"资料协会东京支社，1937年。

关捷主编《日本对华侵略与殖民统治》，社会科学文献出版社，2006年6月。

〔日〕江口圭一:《日本帝国主义史论》，青木书店，1980年版。

〔日〕青木文教:《西藏游记》，唐开斌译，商务印书馆，1931年8月。

亢稚文、谢春河:《日本侵华的铁证：日本记者镜头下的九一八事变》，吉林文史出版社，2005年7月。

曹大臣、朱庆葆:《刺刀下的毒祸：日本侵华期间的鸦片毒化活动》，福建人民出版社，2005年5月。

齐红深主编《日本对华教育侵略：对日本侵华教育的研究与批判》，昆仑出版社，2005年6月。

刘永祥、常家树:《日本侵华间谍与谋略》，辽宁大学出版社，1994年5月。

郑震孙主编《日本侵华图片史料集》，新华出版社，1984年。

关捷主编《日本侵华政策与机构》，社会科学文献出版社，2006年6月。

中国社会科学院近代史研究所编《日本侵华七十年史》，中国社会科学出版社，1992年10月。

曲传林、王洪恩主编《旅顺日俄战争遗址》，文物出版社，1987年3月。

赵杰:《"九一八"全记录》，万卷出版公司，2005年8月。

张宪文、曹大臣:《图说中国抗日战争史1931—1945》，学林出版社，2005年8月。

〔日〕草柳大藏:《满铁调查部内幕》，刘耀武等译，黑龙江人民出版社，1982年3月。

解学诗、苏崇民主编《满铁档案资料汇编》，社会科学文献出版社，2011年11月。

亚细亚写真大观社:《亚细亚大观》(日文版)，1924—1939年。

亚东印画协会:《亚东印画辑》(日文版)，1924—1942年。

亚东印画协会:《亚东》(日文版)，1930—1931年。

《奉天公报》《河北省政府公报》《江苏省公报》，1925—1928年。

《良友画报》

《申报画刊》

《东方杂志》

后 记

如果说历史是一面镜子，那么老照片无疑便是通向这面镜子背后的窗户。透过那一扇扇窗户，我们或许会在时空穿梭中重新发现自己的过去和未来。

记得2009年开始着手整理研究这批数量巨大的日本人拍摄的原版老照片时，起初还抱着一种观赏的态度，然而随着研究的深入，笔者的心情却变得越来越沉重。拂去历史的尘埃，透过这些发黄的老照片，一段段令人百味杂陈的往事，渐渐浮现在面前。对于多年后的旁观者而言，心中不由泛起一串串问号，这些照片的拍摄者是谁？他们的动机是什么？他们去过哪里？做过什么？是什么原因驱使他们能十几年如一日地长途奔波？而随着一些相关背景的逐渐清晰，我们对这些问题也有了一个较为深入的了解，这便是本书的由来。

对于近代以来日本侵华过程中的摄影行为，著名影像史学者曾璜曾有一个非常贴切的概括——“影像的占领”。的确，自甲午战争开始直到1945年战败投降，日本曾多次对中国进行了带有殖民主义性质的大规模摄影考察活动，并记录了两国间的历次重大战事与冲突。早在1894年甲午战争爆发后，日本军方就派出了专业的战地摄影师奔赴前线，拍摄了两国交战以及沿途各地战场的照片，并在战后制作了精美的《日清战争写真帖》以资纪念。另外日本早期摄影师龟井兹明、小川一真等人也曾以私人身份在前线开展摄影活动。之后的八国联军侵华战争和日俄战争期间，小川一真等也曾跟随日军的足迹进行拍摄。20世纪初期，除了“满铁”等官方情报机构外，以东亚同文书院、亚细亚写真大观社为代表的民间机构，先后派出大批人员潜赴中国各地搜集情报，并在此过程中拍摄了大量照片作为第一手资料。与此同时，日本侵略者还利用这些照片制作了许多摄影出版物，试图通过这种手段鼓动国内的侵略舆论，同时也达到美化其殖民统治的目的。据粗略统计，日本侵华期间所出版的各类“写真帖”竟达百余种之多！毫无疑问，这种“影像的占领”既是侵略者无意间对自身罪行的写照，也是我们中华民族百年辛酸史上难以愈合的创伤！而在经历了血与火的洗礼，在遭受了一次次刻骨铭心的阵痛之后，我们的民族是否需要认真反思？

由于当初这批多达3000余张的原版照片入藏国家博物馆时，大多都是随意散乱组合在一起，因此对它们进行归类、整理进而深入分析，确实耗费了笔者很大精力。幸运的是，“国博”在摄影方面丰富的馆藏为笔者提供了良好的基础。5年来，在对这批日本间谍摄影作品进行系统整理的同时，笔者还先后对以沙飞为代表的红色摄影以及方大曾摄影遗作等馆藏进行了相关研究，并于2015年纪念抗日战争胜利70周年之际出版了《沙飞摄影集》《绥远1936：失踪战地摄影师方大曾的抗战记录》等成果。

当年日本间谍潜赴中国各地搜集情报时，他们对于自己的行动往往标榜以不同的名称。例如东亚同文书院的考察人员惯用“踏查中国”，而亚细亚写真大观社的岛崎役治等人则偏爱“踏破摄影”这样的字眼。相比之下，当年曾在西藏秘密开展间谍活动的青木文教等人则多用“潜行”这样的词语，或许更适合我们今天采用。

在此特别感谢“国博”各位领导和同仁，感谢广西师范大学出版社多马老师，感谢出版人孙轶老师，正是他们长期以来的大力支持，才使笔者一路坚持前行，不断尝试新的领域！北京大学的何青鹏博士翻译了部分日文资料，在此一并致谢。由于笔者水平有限，书中难免谬误之处，还望各界专家多多批评指正。

杨红林

2017年9月于北京